# Marketing en Internet para aspirantes a empresarios

## Conviértete en un emprendedor digital y abre tu propio negocio utilizando el marketing estratégico

Victor Lauella

# Sommario

# Introducción

Así que quieres poner en marcha un negocio basado en Internet, o comercializar tu negocio existente o tradicional en Internet. ¿Cuál es tu estrategia?

Sí, necesitas una estrategia. Puede que hayas leído esas llamativas páginas web que te tientan con frases como "¡Gana dinero mientras estás tumbado en la cama!" o "¡Genera miles de ingresos sin mover un dedo!". Pregúntate lo siguiente: sinceramente, ¿conoces o has oído hablar de alguien que se haya hecho millonario al instante (sin ganar la lotería, por supuesto)?

Eso no quiere decir que tengas que dejarte la piel para ganar dinero en Internet. No tendrás que pedir una segunda hipoteca, trabajar 90 horas a la semana o vender a tus hijos en e-Bay para tener éxito en el mercado de Internet.

Hay un secreto para el éxito en Internet: la **estrategia**.

Parece sencillo, pero es la pura verdad. La mayoría de las personas que deciden comercializar en Internet no miran antes de saltar. No hacen sus deberes, no se molestan en aprender nada sobre el negocio o el sector. Se dejan llevar por promesas de dinero instantáneo en sus cuentas bancarias, e inevitablemente se desilusionan cuando eso no ocurre.

Puedes ser diferente. Puedes convertirte en una de esas increíbles historias de éxito en las que se inspiran otras personas. Todo lo que necesitas es un plan y un poco de paciencia.

De eso trata este libro.

¿Por qué te planteas hacer marketing en Internet? Hay varias razones por las que puedes haberte decidido a hacerlo. Te interesa

- ¿Desprecias tu trabajo de nueve a cinco?
- ¿Anhelas la libertad económica y un propósito más profundo en tu vida?
- ¿Vivir con la decepción de un negocio casero fracasado?
- ¿Desearías que tu afición te diera dinero para poder dejar tu trabajo?

Todas estas razones y otras más son excelentes motivaciones para el éxito. Pero sin un plan de ataque, tus sueños se quedarán en el camino, y volverás a tu mundo de nueve a cinco con aún más aversión que antes.

El 90% de las pequeñas empresas fracasan a los tres años de su creación. Algunas se deben a la falta de respaldo financiero, pero, afortunadamente, las empresas de Internet no necesitan grandes cantidades de capital inicial. La mayoría de los negocios que fracasan se deben a la falta de dirección desde el principio. Si no sabes adónde vas, ¿cómo esperas llegar?

Si estás leyendo este libro, estás dando el primer paso hacia la formulación de una exitosa estrategia de marketing en Internet. Más que nada, un poco de conocimiento ayuda mucho a labrar tu nicho en Internet y obtener beneficios desde el principio.

¿Qué aprenderás? He aquí algunos ejemplos de la valiosa información contenida en los siguientes capítulos:

- Por qué el marketing en Internet es para ti
- Los mayores errores del marketing online
- Cómo crear un sitio web empresarial
- Consejos para generar valor en el sitio web
- Cómo funciona el marketing OTO
- Por qué funcionan los blogs y cómo conseguir el tuyo propio

Tómate el tiempo y la dedicación necesarios para planificar ahora tu estrategia de marketing en Internet, y no te decepcionarás cuando crees un sólido negocio en línea que te permita abandonar la carrera de ratas y ganar dinero haciendo lo que te gusta.

¡Empecemos!

# Capítulo 1 - Por qué el marketing en Internet es para ti (sí, para ti)

Mucha gente sigue teniendo la impresión de que el marketing en Internet es sólo para quienes tienen libros electrónicos u otros productos electrónicos, o para quienes tienen muchos conocimientos técnicos. Sin embargo, la World Wide Web ha cambiado la forma de hacer negocios, y hoy en día los sitios web y las ventas online son para todos, ¡incluso para ti!

Sea cual sea el tipo de negocio al que te dediques o estés pensando en poner en marcha, hay un lugar en Internet para ti. El comercio electrónico, que es un término elegante para referirse a la venta online, ha permitido a empresas grandes y pequeñas llegar a una base de clientes mayor que nunca.

Hay literalmente miles de millones de personas que utilizan Internet cada día, y comprar bienes o servicios por Internet ya no resulta intimidatorio ni amenazador. De hecho, mucha gente prefiere comprar por Internet desde libros y vídeos hasta artículos de gran valor como coches, barcos y propiedades inmobiliarias. Incluso puedes comprar alimentos por Internet y que te los lleven a casa. *Eso sí que es* comodidad.

Hay dos categorías principales de marketing en Internet: los negocios estrictamente online y la expansión de las empresas tradicionales de ladrillo y mortero (offline). Las empresas offline son empresas como Coca-Cola, Reebok, Neiman-Marcus y Honda: empresas que existen en el "mundo real" y utilizan el marketing en Internet para llegar a más clientes potenciales, así como para dar a sus clientes actuales acceso a información sobre sus empresas. Los sitios web de empresas offline también ofrecen la posibilidad de interactuar y ofrecer opiniones sobre productos o servicios que, de otro modo, los clientes de todo el mundo no tendrían.

Los negocios online incluyen a gigantes como Amazon y eBay: son empresas que no tienen tiendas físicas, sino que venden bienes y servicios por Internet. Las empresas basadas en la venta de libros electrónicos o en diversos servicios de Internet suelen ser negocios online, ya que no necesitan una tienda física.

Independientemente del tipo de negocio que tengas o pienses tener, Internet es una poderosa herramienta de marketing. Hoy en día, todo el mundo utiliza Internet para hacer negocios, y si no estás en línea, te estás perdiendo clientes potenciales. Adelante: inventa el tipo de negocio más oscuro que se te ocurra e introdúcelo en tu motor de búsqueda favorito. Te sorprenderá la cantidad de resultados que obtendrás.

Tu sitio web no tiene por qué ser sólo una herramienta de ventas. De hecho, debería ser más que eso, independientemente de si piensas vender a través de él. Los sitios web de más éxito son informativos e interesantes de visitar, y proporcionan información sobre tu negocio, independientemente de que ofrezcas o no compras en línea.

¿Cómo sabes qué debe figurar en el sitio web de tu empresa? El tipo de empresa que dirijas, junto con tus objetivos empresariales personales, dictarán el estilo y la función de tu presencia online.

## *Conceptos básicos de marketing en Internet y sitios web*

Los primeros pasos para iniciar tu campaña de marketing en Internet parecen sencillos, pero requerirán una inversión de tu tiempo:

- Decide qué quieres que consiga tu campaña
- Establece un presupuesto
- Formular un plan de juego

Estos pasos se ajustan al "secreto" básico pero crítico del éxito en Internet. Recuerda, la estrategia es la clave. Te diriges a un territorio desconocido, y sin un mapa, ¡probablemente te perderás!

## Tus objetivos

¿Qué quieres que consiga tu sitio web? Puede que quieras que los visitantes compren productos o servicios directamente desde tu sitio web, o puede que sólo quieras proporcionar más información sobre tu empresa física y ofrecer a tus clientes un lugar donde informarse sobre ventas, ofertas especiales, horarios comerciales y otra información. Tu primer paso es determinar los objetivos de tu sitio web y planificar su diseño en consecuencia.

*Investiga:* Prepárate para dedicar mucho tiempo a buscar información, tanto sobre tu empresa como sobre tus competidores. Cuanto más sepas sobre la competencia, mejor preparado estarás para ofrecer algo único. Los internautas suelen comprar por Internet por uno de los siguientes motivos:

- Reconocen el nombre (branding)
- El proceso es cómodo y el trato es mejor que el de otras empresas que ofrecen el mismo producto o servicio
- No pueden conseguir el producto o servicio concreto en otro sitio

Si puedes ofrecer algo único y original, incluso un nuevo giro de un viejo producto o servicio, puedes tener éxito en Internet. Con buenas prácticas publicitarias, también puedes tener éxito con productos no tan inusuales, aumentando tu visibilidad y ofreciendo mejores ofertas que tus competidores.

## Tu presupuesto

Aunque es cierto que puedes poner en marcha un negocio en Internet con poca o ninguna inversión inicial, en algún momento deberás establecer un presupuesto realista y firme. Como mínimo, planea reinvertir parte de tus beneficios en tu empresa.

Además, tener un pequeño presupuesto inicial para publicidad puede ayudar a que las cosas se muevan más rápido. Una vez que tengas tu sitio web configurado para obtener beneficios, puedes plantearte anunciarte de algunas formas "tradicionales" de bajo coste para empezar a atraer visitantes. Estos métodos tradicionales de publicidad incluyen:

- Volantes
- Postales
- Correo de respuesta directa
- Correo electrónico
- Envío de faxes
- Páginas amarillas
- Anuncios en periódicos
- Anuncios en revistas
- Vallas publicitarias
- Anuncios de radio
- Anuncios de televisión

Por supuesto, algunas de estas vías son más caras que otras. También puedes empezar con anuncios online gratuitos o de bajo coste, y plantearte poner anuncios más tradicionales cuando tengas algunos beneficios que reinvertir en tu presupuesto.

## Tu plan

Utilizando los objetivos de tu sitio web y tu presupuesto, crea un calendario o plan para tu empresa. ¿Dónde esperas verte dentro de un año? ¿en cinco años? ¿Diez? ¿A qué tipos de publicidad estarás dispuesto a expandirte? No cometas el error de confiar únicamente en los métodos de Internet para anunciar tu negocio. Podrás empezar así, pero probablemente no podrás expandirte sin buscar vías de publicidad alternativas.

Ten en cuenta estas estadísticas:

- En 2005, 957 millones de personas tenían acceso a Internet, y cada día se conectan más.
- El 96% de los que tienen acceso en línea utilizan Internet como primer método y el preferido para buscar información sobre productos.
- Durante 2005, sólo en Estados Unidos se accedió a los motores de búsqueda y se utilizaron casi 5.000 millones de veces, lo que supone un aumento del 27,5% respecto a 2004.
- El 74% de los que utilizan motores de búsqueda buscan información local a través de ellos.

La simple matemática dicta que muchos más clientes potenciales encontrarán tu negocio sólo en virtud de tu presencia en Internet. Combina esto con una campaña de marketing cuidadosamente dirigida y bien documentada, ¡y es fácil ver por qué el marketing en Internet y los negocios online tienen éxito!

Prepárate para sacar provecho de tu sitio web. Cada visitante que encuentra tu sitio web es un cliente potencial. Es importante captar toda la información posible cada vez que alguien visita tu sitio. El consumidor medio debe estar expuesto a tu mensaje de marketing entre tres y siete veces antes de que se convenza de comprar; por tanto, cuanto más a menudo puedas poner tu empresa delante de ellos, más posibilidades tendrás de hacer ventas.

Algunos consejos para captar y utilizar la información de los visitantes:

- Ofrece oportunidades para que los visitantes se añadan a tu lista. Pídeles que se registren, que firmen un libro de visitas, que se suscriban a un boletín o que soliciten que se les notifique cuando tengas rebajas u ofertas especiales.
- Coloca una casilla de suscripción en todas las páginas de tu sitio web, no sólo en la página de inicio. Cuanto más a menudo vean la caja los visitantes, más probable será que se suscriban.
- Regala obsequios, boletines, libros electrónicos e informes como incentivos por suscribirse a tu lista. Si tu producto no es un libro electrónico o no se puede regalar, busca libros electrónicos descargables gratuitos relacionados con tu producto o servicio y regálalos.
- Consigue reconocimiento, credibilidad y nuevos clientes escribiendo un libro electrónico, un libro de instrucciones o una serie de artículos que permitas distribuir gratuitamente, con la condición de que el material incluya tu firma, URL e información de suscripción.
- Añade todas las direcciones que recopiles (con el permiso del suscriptor) a tu lista de correo electrónico opt-in.

Desarrollar y mantener una lista de clientes es vital para tu negocio en Internet. Tanto si utilizas tu lista para enviar boletines periódicos, comunicar ofertas especiales o simplemente para ponerte en contacto con clientes nuevos y existentes de vez en cuando, debes tener a mano una base de datos de contactos en constante crecimiento.

## Seis buenas razones para comercializar tu empresa en Internet

¿Aún no estás convencido? Aquí tienes más razones para aprovechar el poder de Internet para tu negocio, independientemente del tipo de productos o servicios que ofrezcas:

1. Ningún otro método de marketing puede trabajar para ti 24 horas al día, 7 días a la semana. Además, ningún otro método de marketing tiene el potencial de llegar a clientes de todo el mundo, en lugar del área de circulación limitada de las vías tradicionales que elijas.
2. Aunque no es gratis, Internet es el método de publicidad más rentable que existe. Tu inversión en marketing en Internet implicará mucho más de tu tiempo que de tu dinero. Si crees que hay métodos de publicidad más baratos, llama a tu periódico local y pregunta por las tarifas de publicidad gráfica.
3. Puedes llegar a una base de clientes potenciales amplia y diversa, sobre todo si creas varios sitios web.
4. Incluso aquellos visitantes que no se conviertan en clientes inmediatos pueden añadirse a tu base de datos, y probablemente se traduzcan en futuras ventas.
5. Internet da vida a tus productos y servicios como ningún otro medio de comunicación. Sólo los anuncios de televisión pueden proporcionar tanto movimiento como un sitio web, y la televisión no es interactiva: ino puedes hacer clic en la pantalla de un televisor! (Además, ¿adivinas cuánto te cuesta un anuncio de televisión?)
6. **Más de 957 millones de personas tienen acceso a Internet** y esa cifra crece cada día. Tienes el potencial de captar muchos más clientes de los que jamás podrá captar un negocio estrictamente terrestre.

¿Listo para empezar? En el siguiente capítulo se describen algunas de las técnicas específicas que puedes utilizar para que el marketing en Internet funcione para ti.

# Capítulo 2 - Lo que necesitas saber sobre el marketing en Internet

Internet es enorme. Éste es quizá el concepto más importante que debes entender como vendedor por Internet. Por muy original que sea tu idea, vas a tener competencia en Internet. La cuestión es entonces: ¿cómo vas a destacar entre la multitud y atraer negocio?

La buena noticia es que hay muchas cosas que *no* necesitas para tener éxito en Internet. Estas cosas incluyen:

- Un presupuesto publicitario masivo
- Diseñadores gráficos caros
- Hacer que tu empresa sea conocida
- Una elaborada base de operaciones
- Semanas laborales de 80 horas

¿Qué necesitas entonces? Necesitas trabajar de forma más inteligente, no más dura.

## *Correr con los gigantes*

En todos los sectores hay competidores de primera fila. Microsoft domina el software, Google gobierna la tecnología de los motores de búsqueda, McDonalds es el emperador de la comida rápida. Sin embargo, Internet es un campo de juego nivelado, y tu empresa puede parecer tan grande y establecida como tú quieras. Sólo necesitas una fracción de porcentaje del pastel online para disfrutar del éxito empresarial.

El posicionamiento en buscadores sigue siendo la mejor forma de dar a conocer tu negocio en Internet. En los inicios de Internet, la práctica del relleno de palabras clave -colocar palabras clave irrelevantes o excesivas en las páginas web para lograr un mejor posicionamiento en los motores de búsqueda- era frecuente. Hoy, sin embargo, la tecnología de los motores de búsqueda es mucho más sofisticada, y no existe una fórmula "mágica" para ascender en las clasificaciones.

¿Cómo puedes posicionarte bien en los buscadores y competir con las mejores empresas de Internet de tu sector? Lo único que tienes que hacer es ser realista. Haz que tu sitio web sea informativo, interesante y siempre cambiante, y conseguirás una buena puntuación en los motores de búsqueda.

Los "secretos" de hoy en día para estar en los primeros puestos de los buscadores incluyen:

- Esfuérzate por proporcionar a los visitantes información real, útil e interesante que haga de tu sitio web no sólo una gran herramienta de venta, sino un lugar estupendo para visitar y pasar algún tiempo.
- Planta ganchos en tus páginas para los buscadores que estén relacionados con la información de cada página.
- Haz que tu negocio corra la voz y se difunda de boca en boca utilizando publicidad de pago por clic y otras vías relevantes para tus mercados objetivo.

## Cómo empezar

Cuando elijas tu negocio de marketing en Internet, debes tener en cuenta varios aspectos. Un negocio equivocado te llevará a malgastar esfuerzos y a no obtener beneficios, una perspectiva realmente desalentadora.

La primera consideración deben ser tus propios intereses y pasiones. Si no te apasionan tus productos o servicios, tu negocio no tendrá éxito. Es tan sencillo como eso. Debes estar convencido más allá de toda duda de que tu producto o servicio merece la pena, es emocionante, eficaz y algo que otras personas querrán o necesitarán.

Otra razón por la que necesitas entusiasmo a tu lado es tu propia resistencia empresarial. Probablemente has trabajado en empleos que no te importaban lo más mínimo, aunque sólo fuera para poder cobrar un sueldo. Puede que incluso estés trabajando en un empleo así ahora. ¿Cuánto tiempo piensas permanecer en él? ¿Te esfuerzas al máximo en el trabajo cada día? Si no es así, no te apasiona lo que haces, y no llegarás muy lejos.

Una vez que hayas identificado un negocio por el que puedas generar mucha pasión y entusiasmo, considera además estas dos preguntas importantes:

- ¿Resuelve tu producto o servicio una necesidad o una demanda? ¿Existe una gran demanda de este producto o servicio, al menos en nichos de mercado?
- ¿Puedes atraer de forma barata a tu sitio web un gran número de visitantes? ¿Existen foros, revistas electrónicas o sitios web populares dedicados a este tipo de producto o servicio, o utilizados por tu mercado objetivo?

Si no puedes responder a estas preguntas con un "sí" rotundo, tienes que volver al principio y elegir otro producto o servicio que te apasione.

Lo mejor que puedes hacer para facilitar el éxito como vendedor por Internet es tener paciencia e investigar al principio. No inviertas tu tiempo en encontrar un proveedor, crear un sitio web, elegir afiliados y poner en marcha tu máquina de marketing hasta que tengas listos los tres ingredientes clave: pasión, demanda y vías de comercialización.

La buena noticia es que hay miles de nichos de mercado ahí fuera, ¡y cada uno de ellos presenta una oportunidad para iniciar un negocio rentable en Internet!

## Consejos de marketing

Una vez que te hayas decidido por tu negocio, es hora de iniciar tu investigación de mercado. De nuevo, este paso entra en la categoría de estrategia y preparación. Ten en cuenta que la estrategia, y no la inversión, es tu billete hacia el éxito.

## Marketing OTO (oferta única)

Si alguna vez has aprovechado una oferta gratuita, habrás visto ejemplos de esta estrategia. La teoría de la OTO es simple y directa: regala un gran producto e inmediatamente ofrece otro producto valioso junto con el obsequio a un precio muy rebajado.

Por ejemplo: supongamos que tu negocio en Internet vende software para libros electrónicos. Puedes anunciar un informe gratuito sobre los secretos para crear libros electrónicos que se vendan, y luego ofrecer un descuento en el propio software cuando los clientes aprovechen tu regalo.

Ten en cuenta, sin embargo, que tienes que hacer que el producto gratuito esté disponible incluso para quienes no aprovechen tu precio de descuento. Si dificultas o imposibilitas la obtención de tu obsequio, perderás esa confianza tan importante, el bien más valioso del marketing en Internet.

Algunos consejos para un marketing de OTO eficaz:

- Las estrategias de marketing de oferta única son cada vez más populares en los negocios online. A medida que más empresas se aprovechen de esta técnica, menos consumidores estarán interesados. Debes esforzarte por encontrar formas de hacer que tu oferta OTO sea única o darle un giro original, para que destaque entre todas las demás ofertas que hay ahí fuera.

- Ten en cuenta que probablemente tendrás que hacer frente a un aumento de los problemas de atención al cliente a medida que implementes tu campaña de marketing de OTO. Aunque tu sitio web contenga instrucciones claras y precisas para obtener tu obsequio, es posible que algunos de tus visitantes tengan problemas para encontrar el enlace o logotipo correcto en el que hacer clic. Si no lo ven, supondrán que les estás pidiendo que paguen por algo que se ofrecía gratis. Ten paciencia e indícales la dirección correcta, y te ganarás su negocio.

- Asegúrate de que puedes aceptar un gran volumen de pagos. Con cualquier negocio en Internet, es una buena idea tener varias opciones de pago para tus clientes. Esto te ayuda a no sobrecargar a tus procesadores de pagos con un fuerte aumento de las ventas debido a un programa OTO. Algunos servicios de cuentas comerciales de terceros, como PayPal, suelen marcar con una bandera roja las cuentas que tienen un aumento repentino de fondos entrantes, y es posible que te congelen la cuenta mientras el comerciante verifica que no estás llevando a cabo una estafa. Disponer de otras opciones de pago para cubrir esta posibilidad garantizará que puedas seguir haciendo negocios.

- Una lista de suscriptores es una de las mejores formas de anunciar una campaña OTO. Si aún no tienes una lista de suscriptores, es una buena idea construir una antes de sacar tu programa OTO. Sin embargo, crear una lista de suscriptores sólida para tu boletín o sitio web lleva tiempo. Si no tienes tiempo de conseguir una lista de suscriptores, pero aún así quieres ofrecer tu OTO, podrías hacer el anuncio de tu programa a través de otros socios con la promesa de corresponderles con una de sus promociones más adelante.

- Un aumento del tráfico es bueno para tu negocio, pero puede ser malo para tus servidores. Si tu producto es descargable, también debes tener en cuenta el ancho de banda disponible para tu sitio web. Consulta con tu proveedor de servicios web y asegúrate de determinar con antelación cuánto ancho de banda vas a necesitar. Si vas a necesitar más ancho de banda del que permite tu servidor, busca una solución económica de transferencia de archivos, como www.fileburst.com.

En resumen, la estrategia OTO puede ser una técnica de marketing extremadamente eficaz. Ofrece a tus visitantes algo por lo que normalmente pagarían dinero, y dáselo gratis; luego, ofrece inmediatamente algo de aún mayor valor a un precio bajo.

Asegúrate de que tu obsequio y tu producto de venta están directamente relacionados (como el informe sobre la creación de libros electrónicos eficaces y el software de creación de libros electrónicos). Si tu producto de venta es incluso mejor y más atractivo para tu mercado objetivo que tu obsequio, ¡tus cifras de ventas explotarán!

## Algunos buenos mercados

Realmente hay miles de mercados entre los que puedes elegir en Internet, y muchos de ellos tienen millones de internautas que se ajustan a la demografía que buscas. Tanto si el mercado está explotado como si no, identificar un nicho equivale a más beneficios y más rápidos para ti.

¿Has considerado estos nichos de mercado?

- **Las madres.** Actualmente, hay más de 32 millones de madres en Internet. Si tienes un producto o servicio orientado a las madres, puedes aprovechar este enorme mercado. Las mamás utilizan Internet para buscar algo más que recetas de comida para bebés y consejos de crianza. Sin embargo, debes ser consciente de que la mayoría de las mamás son expertas en la red y no se darán cuenta de cualquier estratagema de marketing condescendiente o intrusiva. Asegúrate de ser realista: no tergiverses tus productos ni dejes que tu material de marketing suene sermoneador o intelectual.

- **Los viajes.** Cada vez son más los usuarios de Internet que reservan viajes e investigan material relacionado con los viajes por Internet. Sólo este año, las ventas online de viajes y ocio relacionado con los viajes alcanzarán los 78.000 millones de dólares. El sector de los viajes es una de las secciones de más rápido crecimiento del comercio electrónico, ¡y hay mucho beneficio para repartir!

- **China.** En China existe un mercado enorme, en gran parte sin explotar. Más de 111 millones de personas en China utilizan Internet. El inconveniente es que la mayoría de ellos no tienen tarjetas de crédito. Pocos vendedores por Internet han sido capaces de idear un método eficaz para hacer negocios con China; tal vez seas tú quien cambie esa situación.

- **Baby boomers.** Todo el mundo sabe que sólo en Estados Unidos hay millones de baby boomers. Los productos y servicios que atraen a esta generación pueden tener un éxito enorme. La generación del baby boom se acerca rápidamente a la edad de jubilación, por lo que los productos y servicios que tratan sobre inversiones, opciones de jubilación y cambios posteriores en el estilo de vida son temas candentes en Internet hoy en día.

# Publicidad gratuita

¿Quieres publicidad sin gastarte un céntimo? Un comunicado de prensa redactado y distribuido con eficacia puede generar bastante atención para tus productos o servicios, y no te cuesta nada más que tu tiempo. Por supuesto, hay formas de ahorrar tiempo en comunicados de prensa gastando dinero: todo depende de lo que prefieras invertir.

A la hora de redactar comunicados de prensa, no puedes limitarte a escribir lo que harías para tu sitio web. Las personas que leen los comunicados de prensa son periodistas y reporteros. Buscan historias que vendan periódicos o revistas, o que consigan que la gente sintonice su programa de radio o televisión. Tendrás que hacer que tu producto o servicio sea convincente para los periodistas.

¿Cómo hacerlo? En primer lugar, sigue el estilo aceptado para los comunicados de prensa. Lo ideal es que todo tu comunicado de prensa quepa en una sola página. Los componentes de un comunicado de prensa estándar son:

- Titular
- Fecha de publicación
- Párrafo resumen
- Cuerpo del texto
- Información sobre la empresa
- Información de contacto

En segundo lugar, asegúrate de que la información que incluyes es convincente y de interés periodístico, sobre todo el titular y el párrafo de resumen. Desarrolla un gancho o un ángulo para tus productos o servicios que esté relacionado con la actualidad o con temas de interés universal. Si no te sientes cómodo redactando un comunicado de prensa o no tienes tiempo de sobra, puedes plantearte contratar a un redactor profesional para que lo escriba por ti.

Visita la página de consejos de PRWebs.com aquí para obtener más consejos sobre la redacción de comunicados de prensa y una plantilla: http://www.prweb.com/pressreleasetips.php

Una vez que hayas redactado tu comunicado de prensa, el siguiente paso es la distribución. Hay varias formas de distribuir tu comunicado de prensa:

- Utiliza Internet o las Páginas Amarillas para investigar los medios de comunicación de tu zona (periódicos, revistas, emisoras de radio y televisión). Identifica a la persona adecuada a la que dirigir los comunicados de prensa y envíalos por fax o correo electrónico. Asegúrate de dejar tiempo suficiente para las ideas de historias estacionales y promociones navideñas.
- Haz que tu campaña de comunicados de prensa sea aún más específica identificando a reporteros o periodistas concretos y poniéndote en contacto con ellos directamente con tu comunicado de prensa. En el caso de los periódicos locales, puedes escanear los artículos para recopilar los nombres de los reporteros y luego buscar su información de contacto en el sitio web del periódico.
- Regístrate en un servicio de distribución de comunicados de prensa y obtén la ventaja de llegar a un gran número de medios de comunicación con un solo envío. Puedes utilizar un servicio gratuito de distribución de amplio alcance como PR Web (www.prweb.com) o invertir una pequeña cantidad en un servicio de pago (normalmente entre 10 y 20 dólares) para llegar a una base de medios de comunicación más específica.
- Llama a las emisoras de radio locales y presenta tu tema verbalmente, utilizando tu comunicado de prensa como guía para tu discurso. Las emisoras de radio necesitan constantemente invitados para llenar sus

franjas horarias, y muchas estarán encantadas de tenerte si puedes hablar de algo que interese a sus oyentes.

## Publicidad no del todo gratuita

Si no obtienes la respuesta que deseas de tus esfuerzos publicitarios gratuitos, puede que quieras empezar a añadir a la mezcla algunos métodos de pago de bajo coste.

Todo empresario de éxito sabe que parte de una estrategia empresarial eficaz incluye reinvertir los beneficios. No necesitas una fortuna para empezar, pero sí estar preparado para reinvertir parte de tus beneficios en la empresa. Incluso un pequeño presupuesto para publicidad puede suponer una gran diferencia en la cantidad de dinero que ingresa tu empresa.

Afortunadamente, como vendedor por Internet tienes a tu disposición un montón de métodos publicitarios baratos pero eficaces. He aquí algunos ejemplos:

### Publicidad en Ezine

Las ezines, o revistas online, son un producto muy popular en Internet. Hoy en día circulan cientos de miles de ezines sobre casi cualquier tema imaginable. La publicidad en ezines puede ser muy eficaz (¡y barata!) si te tomas el tiempo necesario para hacer tus deberes.

Para anunciarte eficazmente en una revista electrónica, tienes que dirigirte a tu público y hacer un seguimiento de las respuestas. Esto significa que debes tener alguna forma de hacer un seguimiento de la procedencia de los visitantes de tu sitio web, para poder concentrar tus dólares de publicidad en aquellas publicaciones que te aporten los mejores resultados.

Elegir las revistas electrónicas en las que anunciarse es otro factor importante. Aquí tienes algunas cosas que debes tener en cuenta cuando busques revistas electrónicas:

- Suscríbete tú mismo a la revista electrónica y lee varios números para hacerte una idea del tipo de material que incluyen
- Conoce a tu público objetivo para poder identificar fácilmente las revistas electrónicas que puedan interesarles
- No descartes los ezines con menor difusión. A menudo, las revistas electrónicas con menos suscriptores se leen con más detenimiento, lo que se traduce en un mayor índice de respuesta para tu anuncio.
- Dirígete a revistas electrónicas que ofrezcan un número limitado de anuncios por número para que el tuyo no se pierda entre la multitud, y asegúrate de que la revista electrónica emplea una política de no publicar anuncios similares en el mismo número (para que no acabes compitiendo directamente con tu competencia).

¿Cómo encuentras estas revistas electrónicas? Introduce "revista electrónica" o "directorio de revistas electrónicas" en tu motor de búsqueda favorito junto con tu tema, y aparecerán miles (o millones) de resultados. También puedes suscribirte a una base de datos de revistas electrónicas de pago, como www.web-source.net, para acceder a un enorme listado de revistas electrónicas con información constantemente actualizada sobre bases de suscripción, tarifas publicitarias y datos demográficos de distribución.

También puedes pujar por espacios publicitarios en revistas electrónicas específicas en un sitio web como www.ezineadauction.com, lo que puede resultar más rentable y ahorrar tiempo que la compra tradicional de espacios publicitarios.

**Programas de pago por clic**

Baratos y eficaces, los programas de pago por clic te permiten pagar por la publicidad sólo cuando la gente visita realmente tu sitio web. Programas como Google AdWords y Yahoo! Overture listan enlaces a tu sitio web junto con breves descripciones en los motores de búsqueda, normalmente en la primera, segunda o tercera página de resultados dependiendo de la cantidad que "pujes" por cada palabra clave, y de la cantidad máxima por clic que establezcas. Para saber más sobre los programas de pago por clic, visita www.payperclicksearchengines.com.

Entre los programas similares a la publicidad de pago por clic se incluyen:

- **Pago por contacto:** Estos programas incluyen tu sitio web en otros sitios que pueden visitar tus clientes potenciales. Si tus productos o servicios les interesan, pueden rellenar un formulario de registro voluntario, descargar un producto gratuito o participar en un concurso que les llevará a tu sitio web.
- **Pago por ventas:** Este tipo de programa también se conoce como programa de afiliación (encontrarás más información sobre los programas de afiliación más adelante en este capítulo). Otros sitios web anuncian tus productos o servicios por ti a cambio de una pequeña comisión, según las condiciones predeterminadas que tú establezcas. Más información sobre afiliados en www.clickaffiliate.com
- **Anuncios en banners:** Los anuncios de banner son esos llamativos gráficos cuadrados o rectangulares que probablemente hayas visto en varios sitios web. Los banners publicitarios suelen funcionar sobre la base del pago por clic: pagas una cantidad preestablecida al sitio web que los aloja cada vez que un visitante hace clic en tu banner.

Para más información sobre los banners publicitarios, visita

http://www.addynamix.com

http://www.valueclick.com
http://www.i-clicks.net

## Marketing por correo electrónico

Es una de las formas más caras de marketing en Internet que existen. Sin embargo, también es una de las más eficaces.

¿Qué es el marketing por correo electrónico opt-in? En pocas palabras, compras una lista específica de direcciones de correo electrónico y empiezas a enviarles publicidad. Suena a spam, ¿verdad? En realidad, las direcciones que recibes con la compra de una lista opt-in son personas que han expresado interés en los tipos de productos o servicios que ofreces, y han aceptado recibir publicidad. Con una lista opt-in, ya estás un paso por delante en el juego del marketing.

Antes de comprar una lista opt-in, debes dar dos pasos. El primero es investigar al proveedor de la lista y asegurarte de que su empresa es legítima. Si compras una lista a una empresa que no utiliza la confirmación opt-in, acabarás enviando spam a miles de clientes potenciales y probablemente los alejarás de tu negocio para siempre.

En segundo lugar, tienes que poner a prueba tu mensaje de marketing y asegurarte de que es eficaz antes de comprar una lista. Acabarás malgastando dinero si obtienes una lista de clientes objetivo y no consigues impresionarles con tu material. Asegúrate de que tu publicidad ya te ha dado resultados y, a continuación, invierte en una lista opt-in.

## Autorespuestas

Cuando se trata de marketing en Internet, los autorespondedores son tus mejores amigos.

Los sistemas de autorespuesta hacen justo lo que su nombre indica: responden automáticamente a los mensajes entrantes. En tu negocio online, puedes utilizar los autorespondedores para diversos fines. Puedes configurar un autorespondedor para:

- Responder a las solicitudes de más información
- Acusar recibo de los mensajes
- Envío automático de facturas cuando los clientes hacen pedidos
- Avisa a la gente cuando te vayas de vacaciones
- Envía un mensaje inicial y varios mensajes de seguimiento de forma programada y preestablecida

Hay muchos más usos para los autorespondedores, y puede que descubras algunos de ellos a medida que avances en tu negocio en Internet.

Básicamente, hay dos tipos de autorespuestas:

**Las autorespuestas de seguimiento único** responden automáticamente a cada correo electrónico enviado a una dirección concreta con el mismo mensaje. Si tienes varias cuentas de correo electrónico, puedes programar autorespuestas de seguimiento único con mensajes diferentes para cada una. Por ejemplo, puedes tener una dirección info@mycompany.com que responda con un paquete de información general sobre ventas; una dirección sales@mycompany.com que responda con información específica sobre productos; y una dirección invoice@mycompany.com que envíe recibos cuando los clientes hayan completado las ventas.

**Las autorespuestas de seguimiento múltiple** suelen denominarse autorespuestas secuenciales. Estos programas son un poco más complicados, y pueden configurarse para enviar varios mensajes en intervalos de tiempo preestablecidos, como una vez al día, a la semana o al mes, o con intervalos variables según el tipo de mensajes que envíes.

Algunas de las características de las autorespuestas secuenciales son:

- Personalización de mensajes
- La posibilidad de enviar una copia de cada mensaje entrante a tu cuenta de correo electrónico
- Creación de formularios en línea
- Soporte para mensajes HTML y de texto plano
- Capacidades de actualización de correo electrónico de "lista completa" para enviar mensajes a todas las personas suscritas a tu autorespondedor simultáneamente
- Soporte para archivos adjuntos como documentos o imágenes
- Seguimiento de URL para seguir los clics
- Mensajes sin publicidad (algunos programas gratuitos de autorespuesta de seguimiento único tienen publicidad)
- Enlace automático "Anular suscripción" añadido a cada mensaje saliente

Hay muchas empresas web que ofrecen programas de autorespuesta, normalmente por una tarifa mensual baja similar a la de los servicios de alojamiento web. También puedes conseguir un paquete completo con un alojamiento web y un programa de autorespuesta por un precio mensual.

Una vez que hayas obtenido un programa de autorespuesta, sigue estos pasos para configurarlo en tu sitio web:

1. Crea un formulario web para captar la información de contacto de los visitantes.
2. Escribe mensajes de seguimiento convincentes y personalizados sobre tu oferta. Deberías crear de tres a siete mensajes diferentes que

promocionen tu venta o cubran diferentes aspectos y/o bonificaciones asociados a ella.

3. Carga los mensajes en tu programa de autorespuesta y especifica los intervalos con los que quieres que se envíen. Puedes enviarlos cada pocos días, una vez a la semana o cuando quieras.

4. Configura una página de confirmación a la que lleguen tus visitantes después de haberse suscrito correctamente a tu autorespondedor.

5. Configura una página de error para quien se equivoque en el formulario, y coloca un enlace de correo electrónico en la página para que los visitantes puedan seguir enviando solicitudes a la dirección de tu autorespondedor.

6. Sube o activa tu página principal de pedido, la página de confirmación y la página de error en tu alojamiento web.

7. Inspecciona tus páginas web en directo y prueba todos los enlaces. Visualiza las páginas con distintas resoluciones y en distintos navegadores para asegurarte de que son legibles y limpias.

8. ¡Lanza tu campaña de marketing!

Configurar un autorespondedor no es un proceso rápido y fácil, pero con un poco de investigación y trabajo, puedes crear una serie de autorespondedores de éxito que dejen que tus productos o servicios se vendan solos.

Para más información sobre los autorespondedores, echa un vistazo:

www.Automatic-Responder.com

## Estrategias de pago por clic

Como ya hemos comentado brevemente, el marketing de pago por clic es un método de publicidad que te permite pagar sólo por los clientes que realmente visitan tu sitio web. La publicidad de pago por clic (PPC) es muy eficaz, porque envía tráfico cuidadosamente segmentado a tu sitio web, es decir, personas que realmente buscan los productos y servicios que ofreces, y no sólo navegan por la Red.

Así es como funciona el marketing PPC: la mayoría de los programas requieren que ingreses cierta cantidad de dinero en una "cuenta". A continuación, pujas por determinadas palabras clave asociadas a tu producto o servicio. Por ejemplo, si vendieras software de creación de ebooks, podrías elegir *ebook creator, ebook compiler, ebook software, ebook maker* y simplemente *ebook* como algunas de tus palabras clave. Sin embargo, ten en cuenta que otros anunciantes PPC están pujando por las mismas palabras clave.

Una vez fijadas las pujas por palabras clave, no son permanentes: puedes subirlas o bajarlas cuando descubras cuáles dan mejores resultados. El programa PPC coloca tu sitio web en los primeros resultados de búsqueda, junto con los demás ofertantes en orden de mayor a menor puja. Cuando un internauta hace clic en tu anuncio, el importe de la puja (normalmente de 2 a 25 céntimos) se deduce de tu cuenta.

Muchos programas PPC te permitirán ver una lista de términos de búsqueda reales que se han utilizado para encontrar productos o servicios similares a los tuyos. Esta función puede denominarse generador de palabras clave o motor de palabras clave. Aprovéchate de ello cuando elabores tu lista de términos de búsqueda: cuantas más palabras clave incluyas en tu oferta, más tráfico recibirás en tu sitio web.

Cuando hayas elaborado una lista de palabras clave específicas, experimenta con ellas. Visita varios motores de búsqueda e introduce tus palabras clave para ver qué tipo de resultados generan. A través de las búsquedas experimentales, también puedes aprender lo que tus competidores están pujando por sus palabras clave y ajustar tus pujas en consecuencia.

No tienes que aparecer en la primera página de los resultados de búsqueda para conseguir tráfico en tu sitio web. Incluso si tus anuncios PPC acaban en la segunda o tercera página, pueden seguir siendo eficaces. Sin embargo, la mayoría de los usuarios de los motores de búsqueda no pasan de las tres primeras páginas más o menos, lo que significa que tienes que ajustar tus ofertas para asegurarte de que acabas en algún lugar de las tres primeras páginas.

Tu objetivo no debe ser convertirte en el mejor postor en los términos de búsqueda más populares. Con un término general como "ebook" podrías acabar pagando fácilmente unos cuantos dólares por clic para aparecer en las tres primeras páginas, y no todos esos clics se traducirán en ventas. En lugar de eso, deberías tratar de encontrar palabras clave menos utilizadas que sean muy relevantes para tus ofertas, y que se traduzcan en una mayor proporción de clics por ventas.

Experimenta con tus pujas PPC y tus listas de palabras clave hasta que descubras el mejor equilibrio entre tráfico y coste por visitante. Una vez que hayas determinado qué palabras clave te generan los mejores resultados, te encontrarás mucho más cerca del éxito del marketing en Internet.

*Redactar el texto de tu anuncio de pago por clic:* Determinar tu estrategia de pujas y palabras clave es sólo una parte del éxito de una campaña de publicidad PPC. Puedes conseguir que tu anuncio llegue a millones de personas, pero si no está redactado de forma convincente, nadie hará clic para acceder a tu sitio web.

La redacción de tu anuncio es fundamental para tu estrategia de marketing PPC. Tienes un número extremadamente limitado de palabras para transmitir tu mensaje, y tienes que hacer que cada una cuente. La mayoría de los anuncios PPC constan de un titular, una breve frase en el cuerpo del texto y tu enlace directo o URL. El titular debe llamar la atención, ser ingenioso y honesto: si los usuarios de los motores de búsqueda hacen clic en tu sitio y no encuentran lo que esperaban, tu reputación se verá dañada.

¿En qué titular es más probable que hagas clic?

## Venta de software para libros electrónicos

o...

## Crea ebooks atractivos en cuestión de minutos

La mayoría de la gente elegiría el segundo titular antes que el primero.

Después del titular está el cuerpo del texto, que se limita a unas pocas palabras o frases. Una vez más, el texto debe ser breve, conciso y directo. No ofrezcas obsequios aquí; algunos usuarios de buscadores simplemente buscan ofertas gratuitas, y no estarán interesados en comprar tu producto o servicio por muy convincente que sea. De nuevo, asegúrate de que tu texto exige atención. En lugar de:

*Utiliza nuestro programa para crear tus propios libros electrónicos. Tenemos una amplia selección de gráficos de portada integrados en nuestro programa. Disfruta de nuestros precios de oferta y funciones especiales a un solo clic.*

Prueba a hacer algo así:

*Crea libros electrónicos profesionales y completos en cuestión de minutos, en lugar de horas, con nuestra sencilla interfaz de usuario y miles de gráficos entre los que elegir. ¡Precios rebajados por tiempo limitado!*

Para obtener más ideas sobre anuncios atractivos, ¡investiga un poco! Realiza búsquedas de productos o servicios similares a los tuyos y lee los anuncios de pago por clic (que suelen aparecer en recuadros sombreados o secciones separadas en la parte superior e inferior o a los lados de los resultados de la búsqueda principal) para ver cuáles te dan ganas de hacer clic. Puede que encuentres algunas ideas que te sirvan de modelo para tus propios anuncios.

Por supuesto, también puedes aprovechar varios programas de publicidad de pago por clic para maximizar tu exposición. Una buena estrategia consiste en inscribirse en programas PPC a través de varios motores de búsqueda y controlar los resultados. Cuando hayas determinado qué programas están generando más visitas y conversiones de ventas, simplemente suspende los que no estén funcionando.

Visita www.payperclicksearchengines.com para ver una lista de programas PPC junto con reseñas y valoraciones. También puedes consultar este programa de pago por clic de Google:

http://adwords.google.com

## Estrategias de afiliación

Si alguna vez has leído algo sobre marketing en Internet, probablemente habrás oído hablar un poco de los programas de afiliados. Con un programa de afiliados, alojas un banner o anuncio de texto de otro sitio web en tu sitio. Cuando tus visitantes hacen clic en el enlace del afiliado, te pagan. A veces los afiliados pagan por clic (unos céntimos). Otros programas de afiliados ofrecen una comisión (porcentaje de las ventas) si los visitantes de tu sitio web compran algo en el suyo.

Muchos vendedores por Internet se inscriben en varios programas de afiliados, porque en la mayoría de los casos sólo ganan unos céntimos por clic en cada programa. Inscribirse en programas de afiliación cuidadosamente seleccionados, que complementen tu negocio pero no compitan con él, puede ser una buena forma de ganar dinero en Internet.

Sin embargo, una forma aún mejor de ganar mucho dinero es iniciar tu propio programa de afiliados y contratar a otros sitios web para que anuncien tus productos y servicios por ti. Es como contratar una fuerza de ventas barata, pero eficaz.

Mientras ofrezcas una comisión decente por tu programa de afiliación, atraerás a varias personas interesadas en convertirse en afiliados. Por supuesto, cuanto mayor sea la comisión que ofrezcas, mayor "fuerza de ventas" acumularás. Es una buena idea mirar otros programas de afiliación relacionados con tu área de negocio y averiguar cuáles son sus comisiones o tasas de pago por clic, y luego ofrecer un pago mayor si puedes.

Tendrás que escribir una carta de ventas de afiliación que describa tu programa. Esta carta debe ser tan convincente y persuasiva como la carta de ventas de tus productos o servicios. Al crear tu programa de afiliación, intenta pensar en las cosas desde el punto de vista de los afiliados potenciales. ¿Cuáles son los beneficios para ellos cuando se inscriben en tu programa, aparte del beneficio, por supuesto? ¿Ofreces productos o servicios de calidad que gusten a sus clientes? ¿Tienes bonificaciones para los afiliados con mejores resultados?

Si creas un programa de afiliados, también tendrás que diseñar tus propios banners y anuncios de texto para que los coloquen tus afiliados. Esto no sólo es más cómodo para tus afiliados, sino que también es más eficaz para las ventas. Tú conoces tus productos o servicios mejor que tus afiliados, por lo que eres la persona más indicada para diseñar anuncios atractivos que atraigan visitantes de los sitios de tus afiliados al tuyo.

Cuando estés preparado para crear tu programa de afiliados, tienes unas cuantas opciones a tu disposición. Si tienes un nivel decente de conocimientos informáticos, puedes comprar un programa de software de afiliación que te permitirá diseñar y realizar el seguimiento de tu programa tú mismo. Otra opción es "contratar" a una empresa externa de seguimiento de afiliados.

Cada programa tiene sus ventajas y sus inconvenientes. Con el software de afiliación, tienes un control total sobre el diseño de tu programa, y te quedas con todos los beneficios. Sin embargo, debes estar preparado para invertir más tiempo en el programa, ya que tú mismo te encargarás de todo el seguimiento, la inscripción y la emisión de los cheques de las comisiones.

Si utilizas una empresa externa, deberás pagarles una comisión (normalmente esta comisión se resta de tus beneficios de afiliado, y el saldo se te remite a ti). Sin embargo, no tendrás que preocuparte de las inscripciones, el seguimiento y el pago de comisiones, por lo que tendrás más tiempo para dedicarte a otras áreas de tu negocio.

Hay muchas empresas de software de afiliación y de seguimiento de afiliados de terceros entre las que elegir. Como con todos los demás aspectos de tu negocio, debes investigarlas y decidir cuál se adapta mejor a tus necesidades. Aquí tienes algunas para empezar:

**Software para afiliados**

1 Cesta de la compra
http://oneshoppingcart.com

Pro-TRACK: http://www.affiliatesoftware.net

**Rastreadores de afiliados de terceros**

ClickBank: http://clickbank.com/

Comisión Junction: http://www.cj.com/

**Recuerda:** Haz tus deberes antes de inscribirte en cualquier programa de marketing de afiliación. Cada programa es diferente, y las estructuras de comisiones y pagos varían de un programa a otro. Asegúrate de leer atentamente el acuerdo y busca la siguiente información:

- ¿Cómo se cuenta un "clic"?
- ¿Cómo se calcula una "pista"?
- ¿Cómo te pagarán (cheque, PayPal, transferencia electrónica) y con qué frecuencia?
- ¿La empresa tiene buena reputación (otros afiliados están satisfechos con los resultados)?
- ¿Hay opiniones sobre la empresa? ¿Buenas o malas?

Tanto si te inscribes como afiliado en varios programas diferentes como si inicias tu propio programa de afiliados, se pueden obtener beneficios de los afiliados. Una vez más, cuando se trata de programas de afiliación, la estrategia es la clave. Tómate tu tiempo para determinar qué programas o métodos funcionarán mejor para tus productos o servicios, ¡y verás cómo aumenta el tráfico a tu sitio web!

# Capítulo 3 - Cuándo empezar

Por supuesto, la respuesta sencilla a esta pregunta es: *¡ahora mismo!*

Ahora es el mejor momento para iniciar tu negocio de marketing en Internet. Con millones de personas en Internet buscando productos y servicios que les interesan, cualquiera con un gran nicho y un poco de inteligencia de marketing puede encontrar el éxito.

Cada vez más consumidores compran por Internet. Los problemas de seguridad que plagaban las ventas online están disminuyendo a medida que las nuevas tecnologías y las entidades de vigilancia trabajan para sacar a la luz las estafas y hacer que Internet sea segura para todos. La mayoría de los internautas sacan la tarjeta de crédito sin dudarlo si encuentran algo que les interesa: ¿por qué no hacer que ese "algo" sea tu producto o servicio?

"Ahora mismo" es una respuesta general. Sin embargo, hay algunos aspectos concretos de tu negocio en Internet que requerirán tiempo e investigación.

## *Cuándo hacer publicidad*

A estas alturas deberías estar familiarizado con varios métodos diferentes de publicidad en Internet. Puede que ya estés investigando para determinar qué métodos son los mejores para ti y tu negocio, o incluso puede que ya tengas esos planes en marcha.

La pregunta entonces es: ¿cuándo debes lanzar tus campañas publicitarias?

Como todo lo relacionado con tu negocio, la respuesta depende de lo que intentes conseguir. El momento oportuno es importante para que un plan estratégico saque el máximo partido a tus dólares de publicidad. Lanza tu campaña demasiado pronto y habrás malgastado tus esfuerzos cuando tus recursos resulten ineficaces para gestionar el aumento de tráfico; demasiado tarde y puede que ya hayas perdido una buena parte del negocio en favor de tus competidores.

Centrar tus esfuerzos en un público objetivo es esencial para tu éxito. Internet es un gran lugar, y aunque muchos métodos son eficaces para atraer tráfico a tu sitio web, no todos funcionarán para convertir a tus visitantes en ventas. Por eso la investigación es tan vital para tu éxito. A cuantos más grupos demográficos de tu público objetivo seas capaz de llegar, más probabilidades tendrás de convertir a los visitantes en clientes de pago.

Entonces, ¿cuándo debes hacer publicidad? Antes de lanzar esa campaña, asegúrate de que existen estos componentes clave:

- Has investigado y probado a fondo tus palabras clave
- Has establecido un presupuesto publicitario que no sobrecargue tus recursos, pero que te permita alcanzar tus objetivos
- La infraestructura de tu sitio web está preparada para gestionar un aumento del tráfico
- Tus páginas y enlaces se cargan y funcionan correctamente
- Tu producto o servicio está listo para venderse en grandes cantidades
- Tu negocio está lo suficientemente automatizado como para que no tengas que pasar horas cumplimentando pedidos y respondiendo correos electrónicos
- ¡Estás mentalmente preparado para ganar más dinero!

## *El poder de las palabras clave*

Cuando se trata de marketing en Internet, hay una sencilla ecuación que debes comprender:

## Palabras clave = dinero

Es así de sencillo. Las palabras clave en las que decidas centrarte determinarán si el tráfico que llega a tu sitio web está formado por navegadores o por compradores. Hay mucha gente que simplemente echa un vistazo por Internet, no especialmente interesada en hacer una compra; pero también hay mucha gente que se conecta pensando en comprar. Éstas son las personas que quieres que visiten tu sitio web, y tus palabras clave cuidadosamente seleccionadas las llevarán allí.

Veamos un ejemplo de la importancia de las palabras clave:

Cindy vende zapatos desde su casa de campo junto al mar. Tiene sandalias, chanclas, zapatos de tacón, botas y mucho más: Cindy almacena una gran variedad de zapatos en un arco iris de estilos y diseños. Cindy cree que los zapatos son su negocio.

Cuando Cindy creó un sitio web para su negocio de zapatos, dedicó mucho esfuerzo a utilizar sus registros de ventas anteriores para determinar cómo encontraba la gente su sitio web. Hizo listas de palabras clave que sus clientes podían haber utilizado para llegar hasta allí, y luego optimizó meticulosamente sus páginas y su campaña publicitaria con esas palabras clave. Después, Cindy se sentó a esperar a que empezaran a llegar las ventas.

Por desgracia, no lo hicieron.

¿Qué falló? La investigación de Cindy le decía cómo encontraba la gente su sitio web, pero no le decía qué buscaban, ni qué búsquedas concretas les llevaban a su negocio. Por lo tanto, la mayoría de los visitantes que encontraron su sitio web a través de su campaña de ventas no buscaban zapatos vendidos desde una cabaña junto al mar. Puede que simplemente estuvieran buscando calzado. Puede que incluso algunos de ellos buscaran zapatas de freno para sus coches, y pincharon en el enlace de Cindy por curiosidad, pero como buscaban otro tipo de calzado, no compraron nada.

Para elegir las palabras clave que mejor se adaptan a tu negocio en Internet, tienes que ponerte en la piel de tu cliente. Intenta imaginar cómo llegaría a un sitio web alguien que buscara tu producto o servicio específico (o el producto o servicio específico de tus competidores). En el caso de Cindy, en lugar de optimizar su sitio web para "zapatos" o "sandalias", podría haber elegido palabras clave como "calzado de playa" o "sandalias especiales" o "zapatos hechos a mano".

Hay varias herramientas disponibles en Internet que te ayudarán a determinar un buen punto de partida para tu lista de palabras clave (ten en cuenta, no obstante, que tendrás que poner a prueba tus palabras clave para asegurarte de que realmente te aportan resultados). La herramienta generadora de palabras clave de https://adwords.google.com es un buen punto de partida para generalizar.

Si quieres ayuda más específica sobre palabras clave, aprovecha la prueba gratuita de treinta días de http://www.nichebot.com , que generará no sólo palabras clave, sino estadísticas reales sobre lo que la gente busca en Internet. Puedes utilizar el tiempo gratuito para elaborar una lista sólida de palabras clave, y puede que quieras contratar el servicio completo si te resulta útil.

# Capítulo 4 - Por dónde empezar

La tarea de iniciar un negocio en Internet puede parecer desalentadora al principio, ¡tan desalentadora que te costará decidir por dónde empezar! ¿Deberías investigar primero? ¿Crear tu sitio web? ¿Desarrollar tu producto? Si el tiempo es esencial, ¿dónde debe ir cada paso en tu viaje hacia el éxito del marketing en Internet?

Hay tres pasos para iniciar un negocio en Internet. Son, en el orden en que deben realizarse:

1. Selecciona o desarrolla un gran producto o servicio
2. Diseña un sitio web para vender tu producto o servicio
3. Crea una estrategia de marketing que atraiga visitantes y los convierta en clientes

En este capítulo veremos qué implica cada uno de estos pasos.

## *Elige tu veneno: Cómo elegir una empresa*

Internet y otros avances tecnológicos han hecho posible que prospere casi cualquier tipo de negocio. Incluso el negocio más pequeño que se desarrolle desde casa tiene la capacidad de desarrollar productos y servicios que atraigan a un mercado específico, y luego localizar ese mercado en Internet, por muy disperso geográficamente que resulte estar ese mercado.

Ya se ha dicho antes, pero es lo suficientemente importante como para repetirlo: la pasión es vital para el éxito de tu negocio. Debes estar detrás de tus productos o servicios al 100%. Explorar tus pasiones y tus conocimientos es una forma estupenda de desarrollar una idea para un producto o servicio para el que exista una demanda real, en un nicho que podrás cubrir.

¿Te gustan los animales? Plantéate crear un negocio en Internet relacionado con las mascotas. ¿Y la paternidad? Las madres y los padres siempre están buscando productos o servicios que les faciliten la vida. ¿Tienes amplios conocimientos, colecciones o aficiones que puedas aprovechar? Hacer balance de tus intereses personales es una buena forma de empezar a buscar una idea de negocio.

Necesitarás toda esa pasión para seguir adelante en tu negocio. Si seleccionas productos o servicios que no te entusiasman, no serás capaz de generar el entusiasmo suficiente para entusiasmar también a los demás. Si vendes productos o servicios que no tienen nada que ver con tus intereses, tu propio interés por tu negocio se desvanecerá rápidamente y dejarás de intentar triunfar.

## Hacer los deberes

Si pensabas que habías acabado con los deberes cuando terminaste la escuela, lamentablemente tendrás que volver a familiarizarte con el proceso. Realizar un estudio de mercado exhaustivo sobre tu producto o servicio es el paso más importante para el éxito de un negocio online (¿recuerdas la estrategia de la que hablamos?).

Observa los productos y servicios que ya están disponibles y son similares al tuyo. Tu estudio de mercado debe responder a las siguientes preguntas:

- ¿Quién más vende tu producto o servicio? (Si la respuesta es "nadie", puede ser una buena o una mala noticia. Puede que tengas un producto único que mucha gente quiera, o puede que haya una buena razón para que nadie más intente venderlo. Tu investigación te ayudará a determinarlo).

- ¿A cuánto se vende tu producto o servicio, y puedes ofrecer el tuyo por menos y seguir obteniendo beneficios?
- ¿Qué tendrás que hacer para comercializar tu producto? ¿Hay lugares y comunidades identificables que puedan estar interesados en él?
- ¿Puedes desarrollar una propuesta única de venta (USP) para tu producto o servicio? ¿Qué te diferencia de los demás que ofrecen algo similar? ¿Es suficiente para convencer a los compradores?

Si tu investigación no puede responder a todas estas preguntas de modo que la respuesta esté a tu favor, tendrás que volver al principio y probar con otro producto o servicio. El proceso de investigación suele ser el paso que más tiempo consume al iniciar un negocio en Internet.

Para tener éxito en el marketing en Internet, no tienes que inventar la siguiente cosa mejor desde el pan rebanado. Tu producto o servicio debe llenar un vacío en el mercado, y debe ser único de alguna manera. Eso es todo. Tendrás competencia, pero siempre que puedas superarles en una o más áreas, habrá una base de clientes ahí fuera para ti. Tus productos o servicios deben ser mejores, más exclusivos y/o de mayor valor que los de la competencia.

Tu servicio de atención al cliente también puede diferenciarte del resto. Internet es un mercado a menudo impersonal y sin rostro, y las personas que compran productos y servicios online aprecian cualquier empresa que haga un esfuerzo adicional para garantizar su satisfacción. Un servicio rápido y fiable, combinado con una garantía de devolución del dinero u otras ofertas centradas en el cliente, también pueden hacer que tu empresa destaque.

## Los mejores negocios de Internet

¿Qué se vende en Internet? Algunas de las empresas online más rentables que operan en la actualidad se dedican a:

- Desarrollo de sitios web personales
- Software
- Información reservada

Las dos primeras se explican por sí solas. Los servicios de sitios web, desde el diseño al alojamiento, pasando por las agencias SEO (optimización de motores de búsqueda), son naturalmente una gran parte de Internet. Todos los que hacen negocios en Internet necesitan un sitio web, y todos buscan formas de conseguir tráfico. Iniciar un negocio relacionado con el desarrollo de sitios web es una oportunidad excelente si eres capaz de idear un concepto de negocio que ofrezca algo único, diferente o de mayor valor que lo que hay ahora.

Cuando se trata de software, no hace falta ser programador informático para obtener beneficios mediante la venta de software. Hay miles de programas de afiliación que te permiten hacer una compra única de un programa de software junto con el derecho a vender copias del mismo tú mismo. Este tipo de negocio en Internet se denomina a veces programa llave en mano. Una vez que adquieres los derechos de venta del software, puedes seguir vendiendo copias al precio que decidas establecer, y te quedas con el 100% de los beneficios. El reto de un negocio en Internet llave en mano es el marketing eficaz, porque hay miles de personas vendiendo exactamente el mismo producto que tú.

Por último, la información privilegiada es un tema candente para el marketing en Internet. ¿Qué es la información privilegiada? Una explicación básica es: cualquier información que la gente no conozca ya, pero que le gustaría averiguar. Esto incluye libros de instrucciones, información privilegiada del sector, "secretos" para tener éxito en diversas áreas y mucho más.

Normalmente, la información privilegiada se vende online en formato electrónico: libros electrónicos, informes especiales, libros blancos y sitios web de suscripción. Este tipo de negocio encierra infinitas posibilidades. Tanto si ya posees conocimientos sobre el tema, como si tienes un gran interés en aprender más y estás dispuesto a investigar a fondo, puedes desarrollar tus propios productos de información privilegiada para venderlos en Internet. También puedes elegir entre miles de programas de afiliados o llave en mano que te proporcionarán productos preempaquetados sobre temas que te interesen y/o apasionen.

Quizá el mejor aspecto de la venta de productos de información patentados sea el margen de beneficios. Una vez que hayas obtenido o desarrollado el producto, te beneficiarás al 100% con cada venta (a menos que te unas a un programa de afiliados directo, en cuyo caso pierdes las comisiones de afiliación pero sigues "llevándote a casa" un porcentaje considerable). Son fáciles de distribuir: no tienes que preocuparte del embalaje ni de los gastos de envío, porque todo se gestiona electrónicamente. Además, los libros electrónicos y los informes electrónicos son bastante fáciles de crear y reproducir.

¿Necesitas algunas ideas para productos informativos? La siguiente lista es una breve muestra de las miles de posibilidades que presenta este tipo de negocio:

- Cocina
- Jardinería
- Conservas
- Recetas
- Entretenimiento
- Novelas
- Fotografía
- Cámaras digitales
- Música
- Superación personal
- Salud y forma física
- Maquillaje y cuidado de la piel
- Pérdida de peso

- Ser padres
- Monoparentalidad
- Paternidad adolescente
- Desarrollo infantil
- Romance
- Contactos
- Relaciones
- Bodas
- Matrimonio
- Divorcio
- Investigación en Internet
- Reparación de ordenadores
- Solución de problemas informáticos
- Decoración del hogar
- Remodelación de viviendas
- Mantenimiento del hogar
- Reparación de pequeños electrodomésticos
- Carpintería
- Fontanería
- Financiación o compra de vivienda
- Reparación de automóviles
- Compra de automóviles
- Consejos para el negocio en casa

Debajo de cada uno de estos temas hay toda una subsección de diferentes tipos de empresas o paquetes de información confidencial que puedes considerar. Entre ellos se incluyen:

- Diseño gráfico
- Diseño web
- Introducción de datos

- Hojas de cálculo
- Redacción publicitaria
- Redacción de artículos
- Redacción de contenidos web
- Contabilidad
- Programación
- Análisis de sistemas
- Colecciones
- Servicios de investigación
- Servicios de transcripción
- Servicios de traducción
- Planificación de eventos
- Planificación de menús
- Coaching de vida
- Servicios administrativos virtuales

La lista es prácticamente interminable. Todo lo que tienes que hacer es decidirte por un tema que te entusiasme, y luego desarrollar un producto o servicio que el mercado pueda soportar.

## Entrega de la mercancía

Una vez que hayas decidido qué producto o servicio quieres vender, tendrás que determinar cómo recibirán tus clientes sus compras. Si vendes un producto físico, tendrás que preocuparte de los problemas de paquetería y entrega. Si tu producto es electrónico (información, suscripciones, servicios de sitios web), tendrás que centrarte en la seguridad electrónica de tu mercancía.

Si vendes productos que fabricas tú mismo, como artesanía hecha a mano, debes investigar a fondo los gastos de envío antes de lanzar tu negocio. Debes tener suficiente material de envío a mano antes de vender, porque si no entregas los pedidos perderás negocio rápidamente. Además, tienes que tener en cuenta el coste de los materiales de envío y embalaje cuando fijes tus precios de venta al público. La mayoría de los compradores de Internet esperan pagar un gasto de envío por los productos físicos pedidos en línea, pero asegúrate de aumentar el precio lo suficiente para cubrir el embalaje en el que envías el producto.

Puedes optar por vender productos a través de un programa de afiliados o asociados. En este caso, la empresa afiliada normalmente enviará los pedidos a tus clientes directamente desde su almacén, por lo que, como comerciante afiliado, nunca tendrás que molestarte en manipular tú mismo la mercancía.

Si estás interesado en vender programas de afiliación, quizá quieras visitar www.electronicdartshop.com. Por una cuota anual, este sitio web ofrece una amplia selección de ventas de productos de afiliación de marcas conocidas, junto con información para ayudarte a configurar tu sitio web y crear tu plan de marketing. Básicamente, montarás tu propio centro comercial virtual, y las empresas se ocuparán de la mercancía física por ti.

Una de las ventajas de vender productos electrónicos que quizá no hayas tenido en cuenta es la gratificación instantánea para tus clientes. Cuando ofreces libros electrónicos u otra información a la que se puede acceder inmediatamente, a tus clientes les gustará no tener que esperar a que les envíen algo por correo.

También ahorras tiempo cuando vendes productos electrónicos. En lugar de pasar buena parte de tu jornada laboral empaquetando productos y haciendo cola en la oficina de correos (o esperando al camión de UPS), puedes automatizar casi por completo tu sistema de entrega de contenidos y dedicar tu tiempo a desarrollar tu sitio web y tu estrategia de marketing.

El principal problema para los proveedores de productos electrónicos es la seguridad. Si tus descargas no están protegidas mediante contraseñas y enlaces seguros, cualquiera puede acceder a ellas gratuitamente, en cuyo caso no se molestarán en pagarte. Además, una vez que un cliente recibe tu producto electrónico, hay poco que le impida pasarlo a unos cuantos amigos (o a más de unos cuantos amigos).

Si pretendes desarrollar tu propio producto electrónico, parte de tu investigación debe incluir métodos de seguridad y protección que impidan que la gente acceda a tu información sin pagar por ello. Esto requerirá a veces una inversión inicial considerable, aunque se amortizará en ventas con tu estrategia de marketing cuidadosamente planificada.

Por otra parte, si no te sientes cómodo lidiando con la programación electrónica y las cuestiones de seguridad, puedes unirte a un programa de afiliados que se encargue de todo por ti. Los programas de afiliación que incluyen productos electrónicos ya tienen incorporadas medidas de seguridad que te protegen de los robos.

Para obtener más información y un directorio de cientos de programas de afiliados, puedes visitar www.associateprograms.com.

*Tu sitio web: Establecimiento*

Hemos mencionado que Internet es en gran medida una entidad sin rostro. Normalmente, tu sitio web representa la única forma de interacción que tus clientes tendrán contigo. Es lógico, por tanto, que tu sitio web sea un área de atención primordial, sólo superada por tu producto o servicio real.

Tu sitio web compite con millones de otros sitios web, ofrezcan o no productos o servicios similares. Hoy en día hay tantos destinos virtuales en Internet que basta un error para que los visitantes hagan clic en otro sitio. La mayoría de los usuarios de Internet saben que pueden conseguir lo que buscan en otro sitio web, y si el tuyo no es lo bastante convincente para retenerlos, ¡se irán!

Es esencial diseñar un sitio web que sea emocionante, fácil de navegar, honesto e informativo. Tu sitio web debe ser atractivo para tus clientes demográficos objetivo, y debe mostrar eficazmente tus productos o servicios. El objetivo general de tu sitio web es captar el interés de los visitantes y convertirlos rápidamente en compradores. Por desgracia, no tienes mucho tiempo para hacerlo: el visitante medio de un sitio web decide si se queda o no en él en unos 30 segundos. Si para entonces no has captado su atención, perderás la venta.

Cuando se trata de tu sitio web, las palabras importan. Más que cualquier gráfico llamativo o animación llamativa, tus palabras son lo que mantendrá contentos a los visitantes (y a los motores de búsqueda). Las palabras adecuadas retendrán a los visitantes, mientras que las palabras equivocadas los enviarán a la competencia. Lo mismo ocurre con el número de palabras: muy pocas y ni los visitantes ni los motores de búsqueda encontrarán tu sitio web; demasiadas palabras clave repetidas y los visitantes pensarán: "¡Estafa!". El exceso de palabras clave también puede hacer que tu sitio web sea expulsado de los motores de búsqueda.

Las palabras de tu sitio web se denominan texto o contenido. Es posible que hayas oído la frase "el contenido es el rey" cuando se trata de sitios web, y es la verdad. Tu contenido tiene que brillar. Debe ser interesante, convincente y sin errores, con el equilibrio justo de palabras clave específicas para enganchar a los motores de búsqueda, y mucha información para interesar a los visitantes.

El contenido de tu sitio web es el único aspecto en el que no puedes escatimar. Si no te sientes lo suficientemente seguro como para escribir tu propio texto, deberías contratar a un redactor profesional para que lo haga por ti.

Tanto si decides escribir el texto tú mismo como si contratas a otra persona, tienes que asegurarte de que cada titular y cada párrafo de texto de tu sitio web estén pensados para hacer una venta. Tu estrategia de marketing puede hacerte ganar miles de visitantes, pero si ninguno de ellos compra, estás perdiendo el tiempo.

Escribe (o haz que escriban) textos claros, concisos y convincentes. Las palabras son la mercancía más fuerte en Internet. Hablando de palabras, considera la posibilidad de incluir algunas de las palabras más poderosas de la lengua inglesa (según un estudio de la Universidad de Yale):

- Resultados
- Garantizado
- Dinero
- Guarda
- Descubrimiento
- Fácil
- Nuevo
- Probado
- Amor
- Salud
- Seguridad
- Tú

¿Por qué "tú"? Si escribes el contenido de tu sitio web utilizando una descripción en tercera persona (*este producto es genial, hace esto y lo otro*), tus visitantes sentirán que están leyendo un catálogo de ventas, lo cual no es muy emocionante ni convincente. Sin embargo, si utilizas el pronombre "tú" en tu texto (*¡Cuando utilices este software para libros electrónicos, podrás crear un libro electrónico de aspecto profesional en sólo unas horas!*), los visitantes tendrán la impresión de que tu sitio web les está "hablando" a ellos, en lugar de relatar información árida sobre tus productos o servicios.

Además de las palabras poderosas anteriores, también deberías utilizar estas palabras convincentes en los titulares de tu sitio web y en tu carta de ventas:

- Avances
- Descubre
- Gratis
- Oculto
- Increíble
- Maestro
- Potente
- Beneficios
- Revelado
- Al descubierto
- Último
- Científico
- Impactante
- Secreto

Estas "palabras de moda" tienen el poder de cautivar y generar un gran interés en tus visitantes. Utilízalas con moderación, pero con sabiduría.

Cuando redactes un texto con palabras poderosas o palabras de moda, una de las cosas que debes tener en cuenta es la honestidad. Siempre debes decir la verdad sobre tus productos o servicios. Puedes destacar los aspectos positivos de tu oferta y restar importancia o compensar los defectos, pero mentir descaradamente no te llevará a ninguna parte. Si crees que tienes que mentir sobre tus productos o servicios para conseguir ventas, es hora de replantearte tu negocio. Los clientes insatisfechos no te mantendrán en activo. Un negocio de Internet de éxito sigue siendo rentable no sólo atrayendo a nuevos clientes, sino también conservando a los antiguos.

## Titulares que griten "¡Léeme!"

Recuerda que tienes aproximadamente 30 segundos para captar la atención de tus visitantes. Visita unos cuantos sitios web y fíjate en qué llama primero tu atención. ¿Son los gráficos? Tal vez, pero es raro el gráfico que mantiene interesados a los visitantes del sitio web durante mucho tiempo. ¿En qué palabras te fijas en la página? ¿Son grandes y llamativas? ¿Te dan ganas de explorar más el sitio web, o ya estás escribiendo otra cosa en el cuadro de búsqueda?

Los titulares que más llaman la atención son los que no sólo explican de qué trata la página, sino por qué tú, como visitante, necesitas saber más. Tus titulares y subtitulares deben ser concisos pero contundentes. No te limites a decir "Este producto es genial"; en lugar de eso, di: "Este producto es genial *porque* tendrá estos increíbles beneficios *para ti*".

Si el precio de tus productos o servicios es uno de los mayores atractivos, incluye ese precio en el titular de tu página de destino. Según un estudio de www.Knowthis.com, incluir un precio favorable en un titular puede aumentar la tasa de conversión de tus visitantes hasta en un 68%.

Ya sea tu precio, tu calidad o tu singularidad lo que hace que tus productos o servicios sean deseables, tu titular debe decirlo todo utilizando el menor número de palabras posible. Quienes visitan un sitio web por primera vez no suelen leer todas las palabras de la página. En su lugar, escanean en busca de cosas que salten a la vista: texto más grande, de color diferente o espaciado del resto. Estos son tus titulares y subtítulos, y son cruciales.

Al escribir titulares, es beneficioso comprender los fundamentos de la motivación humana. Puedes encontrar un desglose probado del comportamiento humano en el modelo clásico de Abraham Maslow de la *Jerarquía de las Necesidades*.

*La Jerarquía* de Maslow afirma que las personas no buscarán satisfacer necesidades menores hasta que se satisfagan necesidades más importantes. Por ejemplo, una persona que tiene hambre no buscará entretenimiento hasta que el hambre haya sido satisfecha. La jerarquía de necesidades, de la más importante a la menos, es:

**Fisiológico:** Los impulsos físicos básicos: hambre, sed, cobijo, vestido y sexo.
**La seguridad:** Incluye la seguridad física, emocional y económica
**Social (Afiliación):** Satisfacción de la necesidad de compañía, amor, afecto y aceptación
**Estima (Autoestima):** Deseos de logro, reconocimiento, atención y respeto
**Autorrealización:** El impulso de buscar un propósito superior y alcanzar el pleno potencial

Tus titulares deben apelar a una de estas necesidades humanas básicas definidas en la jerarquía. Tu objetivo al escribir tus titulares es apelar a las emociones de tus visitantes. Las palabras que elijas deben reflejar sus deseos, necesidades y anhelos. Ayuda a tus clientes a darse cuenta de cómo tus productos o servicios les permitirán satisfacer una de las necesidades básicas, y estarás en camino de convertir ventas.

Otra consideración importante al escribir tus titulares, y tu contenido en general, es que sea conversacional. Quieres que tus visitantes se sientan como si estuvieras hablando directamente con ellos, en lugar de describir un producto o servicio para ninguna persona en concreto. Identifica el problema que resuelve tu producto o servicio, y aplica esa solución a tu contenido. Haz que tus visitantes sepan específicamente lo que pueden esperar recibir al convertirse en tus clientes.

Para ello, utiliza "tú" y "tu", y aléjate de la descripción genérica. Piensa en situaciones de la vida real que sean comunes a tu grupo demográfico objetivo, y aplica tu producto o servicio a esas situaciones. Hazles saber lo que ocurrirá cuando utilicen tus productos o servicios. Describe en términos de *por qué* y *cómo*, en lugar de *qué*.

Cuantos más beneficios puedas explicar claramente de tus productos y servicios, a más gente atraerán. Sigue pensando en formas de aplicar tus productos a la vida cotidiana, y da vida a esas aplicaciones a través de las palabras de tu sitio web.

## *Tu hoja de ruta de marketing*

Si esperas mantener tu negocio en Internet y convertirte en un empresario online de éxito, tendrás que establecer un plan a corto y a largo plazo para tus estrategias de marketing.

Tus objetivos a corto plazo deben apuntar a un rápido aumento del tráfico en tu sitio web. Ten en cuenta, sin embargo, que este aumento de tráfico será temporal. El objetivo de esta ráfaga inicial de tráfico es la exposición, el reconocimiento y visitantes que, con suerte, se convertirán en clientes. Aunque tu aumento inicial de tráfico será emocionante y alentador, asegúrate de que tus planes no incluyen depender de él para llevar tu negocio al éxito a largo plazo.

Conseguir un aumento del tráfico a corto plazo suele implicar listados en buscadores y tablones de anuncios, junto con una campaña publicitaria comprada o que requiera mucho tiempo. Esta fase inicial de marketing puede incluir también la distribución de comunicados de prensa, que te darán publicidad local y algo de tráfico.

Cuando se trata de objetivos a largo plazo, debes tener estas estrategias en marcha antes de lanzar tu campaña a corto plazo. Tus planes de marketing a largo plazo se diseñarán para mantener un flujo constante de visitantes dirigidos a tu sitio web, y producir resultados fiables (aunque no necesariamente enormes) en los años venideros.

Las estrategias de marketing a largo plazo incluyen:

- Creación y diseño inicial del sitio web
- Producción de contenidos, actualizaciones y cambios
- Regalos y obsequios
- Boletines y listas de suscripción

Una planificación cuidadosa y un equilibrio entre tus planes de marketing a corto y largo plazo redundarán en el éxito general de tu negocio en Internet. Recuerda que no buscas ganar dinero rápido y pasar a la siguiente idea cuando ésta fracase. La mejor manera de alcanzar la libertad económica haciendo el trabajo que te gusta es elegir un negocio sólido y seguir con él, desarrollándolo hasta que tengas un flujo de ingresos estable que te aporte satisfacción personal además de ganancias monetarias.

Ten en cuenta, sin embargo, que el marketing en Internet es un campo fluido y cambiante. La mejor forma de mantenerse en la cima es la investigación continua. Sigue añadiendo nuevas técnicas a tu repertorio de marketing, y sigue observando a tu competencia para ver qué puedes hacer para mejorar.

# Capítulo 5 - Iniciar tu negocio de marketing en Internet

Ahora que sabes por qué deberías comercializar en Internet, dónde encontrar un gran negocio online que te funcione y cuándo empezar tu negocio y tus campañas de marketing, ¡es hora de aprender cómo puedes hacerlo!

## *Negocio gratuito e instantáneo en Internet: Sólo tienes que añadir un blog*

Ahora deberías poseer una comprensión básica de los ingredientes clave para el éxito de los negocios en Internet. Necesitas un producto o servicio, necesitas clientes a los que dirigirte y necesitas un sitio web para llegar a ellos.

Si ya tienes un sitio web, vas un paso por delante. Sin embargo, si aún no tienes tu propio sitio web empresarial, puedes conseguir uno que sea gratuito, fácil de mantener y que se puede crear en unos treinta minutos con un formulario especializado en sitios web llamado blog.

¿Qué es un blog? La palabra es la abreviatura de "web log", y se refiere a un sitio web que está configurado como un diario en línea: puedes "publicar" en tu blog tan a menudo como quieras, y puedes añadir imágenes, sonido y gráficos a tus publicaciones. Los blogs son uno de los medios más interactivos que existen en Internet: con la función de comentarios, los visitantes pueden dejar notas en tu blog para decirte lo que les gusta o disgusta de tus productos o servicios, y lo que les gustaría ver en el futuro.

Los blogs no se utilizan sólo para los negocios. De hecho, hay millones de blogs personales que los internautas han creado simplemente para conectar con otras almas afines. La popularidad de los blogs ha dado lugar a toda una nueva subsección de Internet que se denomina comúnmente "blogosfera" y en la que los blogueros (personas que escriben un blog) enlazan con otros blogs, leen y comentan regularmente en otros blogs, y disfrutan a cambio de muchos visitantes y comentaristas.

También puedes utilizar eficazmente los blogs como sitio web empresarial gratuito. El software de blog más popular en Internet lo proporciona una empresa llamada Blogger, propiedad del gigante de los buscadores Google. Para empezar ahora mismo a crear tu sitio web Blogger gratis:

- Visita www.blogger.com
- Haz clic en el enlace naranja "Crea tu blog ahora" situado cerca de la parte inferior de la página.
- Introduce la información solicitada. Se te pedirá que selecciones un nombre de usuario, una contraseña, un nombre para mostrar y una dirección de correo electrónico válida. Elige tu nombre de usuario con cuidado, ya que a menudo será lo primero que vean los usuarios de Internet. Tu nombre de usuario se incluirá al final de cada mensaje que publiques.
- Haz clic en "Continuar".
- Introduce un título y una dirección para tu blog. El título de tu blog puede ser el nombre de tu empresa, o alguna variación creativa de los productos o servicios que ofreces. La dirección, o URL, debe ser algo fácil de recordar y teclear. La URL de tu blog será http://youraddress.blogspot.com.
- Selecciona un diseño de plantilla para tu blog. Blogger ofrece una gran variedad de estilos de blog diferentes, y puedes cambiar de plantilla en cualquier momento.
- Haz clic en "Continuar".

Ya está. Tu blog ya está configurado y listo para usar. Al final del proceso de registro tendrás la opción de rellenar tu perfil. Tu perfil de Blogger se podrá buscar por los intereses y temas que introduzcas, así que incluye aquí tus

palabras clave cuidadosamente investigadas para ayudar a otros blogueros a encontrar tu sitio. Los motores de búsqueda también indexarán tu blog, por lo que es doblemente útil incluir palabras clave en tu perfil.

Cuando crees tu blog, se te dará la opción de añadir un poco de potencial de ingresos extra a tu nuevo sitio web suscribiéndote al programa Google AdSense. AdSense es un fragmento de código HTML que puedes añadir a la plantilla de tu blog y que generará automáticamente una serie de breves anuncios que se mostrarán en las páginas de tu blog. Cuando los visitantes hagan clic en estos enlaces, ganarás unos céntimos por cada clic.

Para instalar AdSense en tu blog, inicia sesión en tu cuenta de Blogger y ve a tu "Panel de control" (el panel de control que utilizas para crear entradas y editar tu sitio). Haz clic en la pestaña "Plantilla", selecciona el botón AdSense y sigue las instrucciones que aparecen en pantalla. Asegúrate de seguir las instrucciones para guardar y volver a publicar tu blog, o tus anuncios no aparecerán en tu sitio.

Una vez que hayas creado tu blog, tienes que correr la voz sobre él. No olvides enviar un correo electrónico a todos tus familiares, amigos y socios con un enlace a tu nuevo blog. Incluye también la URL en tu firma al final de tus correos electrónicos. También puedes indexar y comercializar tu blog como lo harías con un sitio web normal. Aquí tienes más consejos para atraer tráfico a tu blog:

- Envía la información de tu blog a los directorios de los buscadores, igual que un sitio web normal.
- Inscribe tu blog en directorios de blogs especializados. Si visitas www.PingoMatic.com, podrás enviarlo simultáneamente a los principales directorios de blogs.
- Visita otros blogs y deja comentarios reflexivos en su sección de comentarios. Cada blog que comentas crea otro enlace a tu propio blog y

da a conocer tu nombre. Sin embargo, ten en cuenta la regla cardinal del marketing en Internet: **¡no harás spam!** Dejar comentarios que simplemente digan "¡visita mi blog aquí!" es grosero, poco profesional y hará que la blogosfera se vuelva rápidamente contra ti.

También puedes registrar tu nombre de dominio para tu blog y alojarlo en tu propio servidor, en lugar de tener una dirección .blogspot. Hay muchas formas de comercializar un blog, ¡así que sé creativo! Visita www.homebusiness.org para obtener más consejos, sugerencias y recursos sobre cómo crear y mantener un blog o sitio web de éxito.

Consulta el blog de Marketing en Internet en www.JeremyBurns.com/blog

## *Palabras sabias del sitio web*

Tanto si utilizas un blog como un sitio web de estilo más tradicional para comercializar tu negocio, tu presencia en Internet es tu única presencia. Debe estar a la altura de la tarea de comercializar eficazmente tus productos o servicios.

Los mejores sitios web son sencillos, claros y fáciles de recorrer. Si tus visitantes no pueden encontrar lo que han venido a buscar con unos pocos clics, buscarán en otra parte. Los gráficos confusos, los plug-ins extravagantes, las animaciones Flash y los archivos de música o sonido automatizados suelen distraer más que impresionar. Quieres que tu sitio web vaya directo al grano: "Tengo un gran producto o servicio que debería interesarte. Esto es lo que hará por ti, y aquí tienes cómo comprarlo".

Tu sitio web debe ser sencillo y estar orientado a la venta. Mantén un diseño sencillo y limpio; no ensucies tus páginas con fuentes extravagantes o gráficos pesados que tarden mucho en cargarse. Ten un menú de navegación con botones claramente etiquetados en la parte superior o lateral de cada página, para que tus visitantes sepan exactamente cómo llegar a donde quieren ir. No provoques con la promesa de una bonificación o un producto gratuito, y luego hagas que sea casi imposible encontrar el obsequio. Todo lo que hay en tu sitio web debe ser accesible a menos de tres clics de todo lo demás.

Otra consideración importante en el diseño de tu sitio web es tu posición en los motores de búsqueda. El texto, el título y el diseño de tu sitio web determinarán el lugar que ocupes en los motores de búsqueda: si tus resultados acaban en la página uno o dos, o en la 5.398. Pocas personas encontrarán tu sitio web si tu posición en los motores de búsqueda no está en los primeros puestos.

A continuación se presenta un desglose de las secciones del sitio web en las que se concentran los motores de búsqueda, y lo que debe incluirse en cada una de ellas:

- **Título:** El título de tu sitio web es el texto que aparece en la barra superior de la ventana del navegador. Tu título será indexado primero por los motores de búsqueda, y será lo primero que vean los visitantes potenciales cuando tu sitio web aparezca en una búsqueda. El título debe contener tu palabra o palabras clave más importantes, junto con el nombre de tu empresa, si procede. Por ejemplo, si el nombre de tu empresa es "Instant E-book" y vendes software para libros electrónicos, tu título podría ser: "Instant E-book: Software para libros electrónicos y soluciones para libros electrónicos fáciles y asequibles".
- **La descripción:** La descripción es la breve propaganda que los motores de búsqueda mostrarán junto con tu título enlazado. Si tus páginas no especifican una descripción en las metaetiquetas o en el software de creación de sitios, el motor de búsqueda simplemente mostrará las primeras líneas de texto de tu página después del título. Especificar tú mismo tu descripción te permite tener más posibilidades de subir en el

ranking de los buscadores y ganar visitantes. Tu descripción debe ser breve (menos de 200 caracteres) e incluir tus palabras clave más importantes junto con una explicación convincente de tus productos o servicios.

- **Palabras clave:** Tus palabras clave son lo que las "arañas" de los motores de búsqueda (programas que "rastrean la web" buscando e indexando páginas) utilizan para determinar cuándo se incluirá tu sitio web en sus resultados. Utiliza estratégicamente palabras clave específicas en el título, la descripción y el texto de la página para aumentar tus posibilidades de obtener una buena clasificación en los motores de búsqueda.

- **El texto:** Se refiere a las palabras que aparecen realmente en tu sitio web. Antes, los motores de búsqueda daban más importancia a las metaetiquetas (que son invisibles para el internauta ocasional), pero prácticas como el relleno de palabras clave y el uso de palabras clave irrelevantes han hecho que se ponga más énfasis en el texto visible de la página. El texto de tu sitio web debe ser sensato e informativo, y contener palabras clave "salpicadas" (en lugar de rellenas) que tengan sentido dentro del contexto de tu palabrería. El texto más importante de tu sitio web debe aparecer cerca de la parte superior de la página, para que los visitantes no tengan que desplazarse hacia abajo para verlo.

Puedes encontrar más información sobre palabras clave y optimización de sitios web aquí:

http://www.jimtools.com

http://www.goodkeywords.com

## *Aspectos básicos del presupuesto*

Puedes empezar con poca o ninguna inversión monetaria, pero con el tiempo tendrás que invertir algo de dinero en tu negocio de marketing en Internet. Aquí, presupuestar tus fondos es vital. No querrás acabar invirtiendo cientos o miles de dólares en una táctica o campaña publicitaria que no te devolverá la inversión.

Una vez que hayas creado un presupuesto, asegúrate de ceñirte a él. No te dejes tentar por "ofertas especiales" o programas con "resultados instantáneos", a menos que formen parte de tu estrategia de marketing cuidadosamente planificada y bien pensada. Si te ciñes a tu presupuesto, te obligarás a investigar a fondo cualquier oferta de marketing, buscar las mejores ofertas, llegar a acuerdos y determinar si merece la pena reinvertir en los resultados que obtienes con un método publicitario concreto.

Por desgracia, no hay forma de determinar el coste exacto del marketing en Internet. Tus necesidades y los precios actuales del mercado de bienes y servicios relacionados con la publicidad online dictarán cuánto vas a gastar. Tanto si necesitas invertir tu presupuesto en un paquete de sitio web, un autorespondedor de alta calidad, programación especial como componentes interactivos, o la compra de productos, materiales o paquetes llave en mano, la investigación es, una vez más, la clave de tus necesidades presupuestarias.

Si necesitas ayuda profesional para diseñar tu sitio web o redactar tus textos, contratar a un profesional autónomo es tu mejor opción. Ten en cuenta que, con los redactores y diseñadores autónomos, obtienes lo que pagas. Si el coste del servicio es barato, es probable que el servicio en sí también lo sea. Asegúrate de pedir muestras o portafolios antes de contratar a un autónomo. La mayoría de los autónomos trabajan también con tarifas competitivas. La buena noticia es que una vez que pagas a un autónomo para que diseñe tu sitio web o escriba tu texto, el resultado final es tuyo: la tarifa de autónomo es una inversión única que seguirá siendo rentable para ti.

Algunos costes adicionales que puedes incluir en tu presupuesto son:

- *Marketing por correo electrónico:* Contratar a una empresa de marketing en Internet o comprar una lista de clientes potenciales puede resultar rentable. Sin embargo, lanzar con éxito una campaña de marketing por correo electrónico no es un proceso sencillo. En primer lugar, debes investigar a fondo las empresas de marketing por correo electrónico. Hay muchas y los precios varían mucho. Algunas son poco éticas y pueden proporcionarte clientes potenciales no cualificados, lo que te acarreará problemas por spam. En segundo lugar, debes proporcionar a la empresa de marketing perfiles exactos de tus objetivos demográficos para asegurarte de que recibes el mayor número posible de clientes potenciales cualificados. En tercer lugar, la carta de marketing que escribas debe ser convincente para atraer a la gente a tu sitio web. Y, por último, tu propio sitio web debe estar en plena forma para convertir a todos esos visitantes en compradores. El marketing por correo electrónico no es una solución completa, sino un componente de un plan general de marketing eficaz.
- *Anuncios en banners:* Colocar banners publicitarios en tu sitio web puede ser eficaz, pero también en este caso hay que tener en cuenta muchos factores. Hay muchos sitios web que ofrecen espacio para banners publicitarios, pero te obligan a compartir espacio y a competir con otros sitios web que ofrecen productos o servicios similares. La colocación de banners publicitarios más eficaz viene con una garantía de exclusividad: el tuyo debe ser el único banner de la página. De lo contrario, te arriesgas a una fuerte disminución del tráfico cuando los visitantes se dirijan a otros sitios web.
- *Pago por clic:* Los programas PPC son uno de los métodos publicitarios más rentables y con mejores resultados de Internet. Con una campaña PPC, sólo recibes tráfico específico: los visitantes que hacen clic en tus anuncios PPC han buscado tus palabras clave en un motor de búsqueda. Esto significa que es más probable que se conviertan en clientes de pago

cuando lleguen a tu sitio web. El problema de la publicidad PPC es que sólo hay un número limitado de palabras clave específicas que se apliquen a tu negocio. Las palabras clave más populares y generalizadas están sujetas a una competencia feroz, de modo que sólo podrán utilizarlas quienes estén dispuestos a pagar un alto precio por clic.

También hay otras alternativas en el marketing de pago a tener en cuenta. Por ejemplo, cuando se trata de marketing PPC, no pagarás una cantidad enorme, pero tendrás que invertir una gran cantidad de tiempo en la investigación de palabras clave y el seguimiento de los resultados. En el mundo del marketing en Internet, tiempo es igual a dinero. Si estás interesado en lanzar una campaña de PPC, pero no crees que dispongas del tiempo o los conocimientos necesarios para dedicarte a que tu campaña tenga éxito, quizá debas plantearte contratar un servicio de gestión de publicidad de pago por clic para que haga el trabajo por ti.

Estas empresas entienden cómo funciona el marketing PPC, y te quitarán de las manos gran parte de la tarea de conseguir tráfico web para que puedas concentrarte en dirigir tu empresa. Algunos de los servicios que prestan las empresas de gestión de publicidad PPC son:

- Desarrollo de listas de palabras clave de alto rendimiento
- Creación de anuncios de texto convincentes y atractivos
- Lista de palabras clave y gestión de ofertas
- Optimización de campañas basada en el análisis de datos de rendimiento
- Resultados e informes de seguimiento para que los veas

Ten en cuenta que no basta con atraer tráfico a tu sitio web. Necesitas que llegue a tu sitio web tráfico relevante y específico: calidad por encima de cantidad. Por esta razón, una campaña PPC cuidadosamente planificada y orquestada puede ser muy rentable.

El programa PPC más popular, por supuesto, es AdWords de Google (del que ya hemos hablado en este libro). AdWords te sitúa cerca de los primeros puestos del motor de búsqueda más popular, y puedes cambiar tus palabras clave cada mes hasta que llegues a una combinación que te dé los mejores resultados.

## *Más sobre el tráfico*

Si todas estas estrategias de marketing te dan vueltas a la cabeza, puedes saltarte las campañas y atraer tráfico de forma natural a tu sitio web con prácticas de optimización para motores de búsqueda (SEO). ¿Recuerdas la frase "el contenido es el rey"? Las prácticas de SEO capitalizan esa idea dando a tu sitio web un valor intrínseco, de modo que su clasificación en los motores de búsqueda sea naturalmente alta.

Los usuarios de Internet casi han agotado su interés por los artificios, la publicidad llamativa y los trucos simpáticos. Hoy buscan información real y productos y servicios útiles. Aunque las campañas PPC harán que tu sitio web aparezca en las legendarias "tres primeras" páginas de resultados, tu información estará claramente etiquetada (al menos para los internautas entendidos) como publicidad de pago. Los resultados naturales de los motores de búsqueda -los que aparecen en función del contenido de la página- disfrutan de la friolera del 75% de todos los clics de los motores de búsqueda.

Puedes contratar a una empresa para que optimice tu sitio web, o puedes hacerlo tú mismo mediante un estudio de mercado y poniendo énfasis en la redacción de tus contenidos. Las claves básicas de la optimización para los motores de búsqueda son:

- Incluye sólo contenido relevante. No mientas sobre tus productos o servicios, y no incluyas palabras clave populares en los buscadores que no tengan nada que ver con tu sitio web.

- Asegúrate de que tu contenido sea informativo y agradable de leer. Ofrece a tus visitantes información real, no sólo palabrería y retórica.
- Añade contenido nuevo con regularidad. Escribe artículos informativos sobre temas que interesen a tus visitantes (o compra artículos en un directorio de artículos o en un servicio de contenidos).
- Que sea sencillo y real.

Investiga técnicas de optimización de búsquedas, o contrata a un profesional o empresa de marketing SEO para que revise tu sitio web. Unas posiciones naturales altas en los principales motores de búsqueda te aportarán mucho tráfico listo para convertirse en clientes de pago. Tu sitio web hará el resto.

# Capítulo 6 - Consejos para un éxito ardiente

Como en todas las empresas, hay formas correctas y formas incorrectas de hacer marketing en Internet. En este capítulo, aprenderás algunas técnicas para crear y publicitar un negocio online de éxito, así como algunos métodos que debes evitar a toda costa.

## *Los 10 pasos principales hacia el éxito*

1. *Diseña tu sitio teniendo en cuenta la resolución de pantalla.* La resolución de pantalla a la que está configurado tu ordenador determina qué parte del sitio web que estás viendo cabrá en la pantalla. La mayoría de los usuarios de Internet tienen su resolución configurada a 800x600 o menos. Esto significa que si diseñas tu sitio web para que se vea con una resolución mayor, el usuario típico no verá todo lo que hay en tu página cuando llegue: tendrá que recurrir a barras de desplazamiento para moverse y puede perderse parte de tu información crucial. Recuerda mantener el texto más importante en la parte superior de la pantalla.

2. *Respeta el tiempo de tus visitantes.* Si utilizas gráficos o animaciones en tu sitio web, que no sean complicados y utiliza una resolución lo más baja posible. En otras palabras, asegúrate de que toda tu página, incluidos los gráficos y las imágenes, se carga rápidamente. Si tus páginas tardan mucho en cargarse, los visitantes harán clic antes de ver tu impresionante despliegue. No olvides que muchos usuarios de Internet siguen teniendo acceso telefónico, y un sitio web con muchos gráficos desanima mucho.

3. *Mantén las distracciones al mínimo.* Es importante hacer de tu sitio web un lugar interesante para visitar, pero cíñete al objetivo principal de vender tu producto o servicio en la medida de lo posible. El texto parpadeante, el que choca con el fondo y los gráficos de fondo

complicados gritan sobrecarga sensorial a tus visitantes, y no se molestarán en intentar descifrar tu mensaje.

4. *Haz que tu contenido sea valioso.* No te limites a dar descripciones de tus productos y servicios. Si es posible, proporciona a tus visitantes información real sobre temas relacionados con tus productos, en forma de artículos o informes especiales gratuitos en tu sitio web. Además, proporciona enlaces a sitios web complementarios (pero no competitivos) donde los visitantes puedan encontrar más información. Esto te ayudará a ganar visitantes recurrentes, lo que mantendrá tu negocio en marcha.

5. *Lo mejor son las páginas de inicio sencillas.* No necesitas nada más que tu control de navegación, una breve declaración de objetivos o un resumen de la descripción del sitio, y un gráfico de presentación en la página índice de tu sitio web. Si está demasiado recargada, los visitantes pueden sentirse abrumados y seguir adelante.

6. *Diversifica tu barra de navegación.* Unos gráficos o botones bonitos para tus controles de navegación son estupendos, pero no todos tus visitantes podrán verlos. Los navegadores de Internet tienen ahora la capacidad de bloquear los gráficos al cargar los sitios web, de modo que los usuarios pueden ahorrar tiempo de carga y evitar posibles virus. Asegúrate de que los gráficos vinculados a otras áreas de tu sitio web vayan acompañados de enlaces de texto.

7. *Actualízate.* Realizar una serie de promociones sensibles al tiempo (¡Oferta por tiempo limitado disponible durante los próximos X días!) es una buena forma de hacer que los visitantes vuelvan, porque querrán saber si se han perdido algo. Además, añadir o mejorar tus productos o servicios da a los visitantes una razón para seguir visitándote. La idea de actualizar tu sitio web debe extenderse también a tu contenido: sigue añadiendo nuevos artículos y enlaces, y eliminando los obsoletos.

8. *Aprende a decir más con menos.* Haz que el texto de tu sitio web sea breve y divídelo con titulares, subtítulos y listas con viñetas. Pocas personas disfrutan leyendo largos bloques de texto en una pantalla de ordenador, y muchas no se desplazarán mucho hacia abajo antes de

hacer clic en la siguiente sección. Si tienes información que quieres que la gente vea cerca de la parte inferior de la pantalla, lo más probable es que muchos visitantes no lleguen tan lejos.

9. *Estudia a la competencia.* Busca sitios web de éxito que ofrezcan productos y servicios similares a los tuyos. ¿Cómo está diseñado su sitio web? ¿Qué parece funcionarles? ¿Hay algo que puedas hacer para que tu sitio web sea mejor, más atractivo, más fácil de navegar?

10. *A la hora de hacer pedidos, sé flexible.* Aunque los pedidos online ya no se evitan tanto como antes, mucha gente sigue prefiriendo otros métodos. Cuantas más opciones de compra pongas a disposición de tus clientes, más ventas es probable que consigas. Considera la posibilidad de crear un formulario online imprimible que puedan enviarte por correo o fax, o incluso de establecer un número de teléfono gratuito para pedidos telefónicos. Puedes controlar la línea tú mismo, o contratar a un procesador de pedidos externo si esperas un gran volumen de pedidos telefónicos.

## Los 10 escollos que debes evitar

1. *Trucos, publicidad falsa y otras tácticas fabricadas de boca en boca.* Aunque mentir es fácil y los trucos son bonitos, ninguno de ellos representa una estrategia publicitaria de éxito para tu negocio de marketing en Internet. ¿Recuerdas el Taco Chihuahua Bell? Puede que te pareciera mono -o molesto-, pero ¿te hizo salir corriendo a comprar tacos? Esa campaña en concreto supuso un enorme despilfarro de dinero en publicidad para Taco Bell. La única forma de generar verdaderas ventas boca a boca es la original: dar a la gente un producto o servicio del que merezca la pena hablar. Una vez que se corra la voz, conseguirás negocios repetidos a largo plazo, además de ventas a corto plazo.

2. *Establecer condiciones de venta basadas en tus necesidades (en lugar de en las de tus clientes).* Puede que te resulte más fácil diseñar tu sitio

web según tu plantilla o el "estilo que siempre has utilizado", pero eso no significa necesariamente que a tus clientes les resulte más fácil navegar. Cada aspecto de tu sitio web debe diseñarse pensando en tus clientes. Debes ser capaz de pensar como un cliente en lugar de como el propietario de un negocio, y decidir cómo buscaría la gente de forma más lógica por tu sitio web. Recuerda, si no pueden encontrar lo que buscan en tres clics, no perderán mucho más tiempo en encontrar otro sitio web donde sí puedan.

3. *Utilizando los mismos métodos de marketing que funcionaban antes de que apareciera Internet.* Aunque a algunos no les guste creerlo, Internet ha cambiado la faz de los negocios para siempre. Los negocios más tradicionales están perdiendo clientes por la comodidad y las opciones que ofrece Internet. Si no aprovechas las oportunidades que ofrece la llamada Supercarretera de la Información, tus competidores lo harán y conseguirán el negocio de tus clientes. Recuerda también que "difundir" tu mensaje no es suficiente. Necesitas relevancia y honestidad para tener éxito en Internet.

4. *Creer que Internet es un entorno de "talla única".* Nada más lejos de la realidad. Por muy convincentes o amplias que sean tus prácticas de marketing, no podrás llegar a todos y cada uno de los usuarios de Internet que hay ahí fuera (y sí, ¡todavía hay gente en Internet que nunca ha oído hablar de Google o Amazon!). La diversificación es buena para tu negocio. Un ejemplo de ello son las múltiples cuentas de correo electrónico, que pueden dar la impresión de que tu empresa es más grande de lo que parece. Otro es tener varios sitios web. Si tienes más de un producto o servicio, crear un sitio web distinto para cada uno de ellos permite una mayor exposición a diferentes segmentos y demografías del mercado.

5. *Seguir las "mejores prácticas" de marketing sólo por fe.* Cuando se trata de Internet, no hay "mejores prácticas" establecidas. Este medio es todavía un bebé en comparación con otros medios publicitarios y comerciales. Lo que es mejor hoy puede no serlo mañana. La única

"mejor práctica" que debes suscribir religiosamente es la conciencia de que Internet cambia constantemente, y debes estar preparado para adaptarte. Mantente atento a las tendencias actuales y a los avances tecnológicos, y mantén la mente abierta en lo que se refiere a las prácticas de marketing.

6. *El tráfico no significa éxito.* Esto ya se ha mencionado antes: puedes tener miles, o incluso millones, de "visitas" a tu sitio web y aun así no tener un negocio de marketing en Internet con éxito. Muchos propietarios de negocios online cometen el error de "comprar" tráfico a través de programas que prometen decenas de miles de visitantes por un precio bajo, pero estos visitantes no están interesados en tu sitio web. Muchos de ellos hacen clic en una serie de enlaces para ganar créditos que puedan canjear por tráfico a sus propios sitios web, o por mercancías "gratuitas" prometidas por la empresa que aloja el programa de tráfico. No quieren detenerse a comprar tus productos o servicios. Necesitas tráfico dirigido que llegue a un sitio web diseñado para convertir a los visitantes en compradores.

7. *Conformarse con menos que los mejores resultados.* En cualquier campaña publicitaria, el empresario inteligente intentará determinar el porcentaje de personas que realmente realizaron compras como resultado de ver el anuncio. Esta cifra se llama "retorno". La tasa de retorno varía entre los distintos tipos de medios de comunicación. Por ejemplo, un 2 por ciento de retorno en marketing por correo directo -es decir, dos de cada cien personas que recibieron un folleto por correo e hicieron una compra- se considera fantástico. Cuando se trata de ventas por Internet, los profesionales del marketing suelen medir las tasas de retorno de las conversiones: de visitantes a ventas. Esa cifra debería tener una media del 2,4 al 2,6 por ciento si quieres tener éxito. Por desgracia, incluso un porcentaje tan bajo es difícil de mantener.

8. *Equiparar un diseño elaborado del sitio web con impresiones favorables del cliente.* Un sitio web recargado y confuso es uno de los mayores errores que cometen los vendedores por Internet. Cargar tu sitio web

con múltiples productos, enlaces, reseñas y palabrería de ventas sólo convencerá a los visitantes de que te esfuerzas demasiado por justificar una oferta de segunda categoría. No dificultes que los visitantes encuentren lo que buscan, y dedica cada sitio web que mantengas a uno o dos productos concretos.

9. *No atraer a visitantes recurrentes.* Si tu sitio web no es más que un gran folleto de ventas electrónico, tus visitantes verán todo lo que querían ver la primera vez que lleguen, y no volverán, tanto si hacen una compra como si no. Ofrece información valiosa gratuita, productos actualizados con frecuencia o especiales, artículos de bonificación o suscripciones que les animen a volver.

10. *No realizar una investigación continua ni desarrollar nuevas estrategias de marketing.* Recuerda que lo que te funciona ahora puede no seguir funcionando en el futuro. Prepárate para mantenerte informado y al día sobre las últimas estrategias de marketing en Internet, y busca continuamente formas nuevas y mejores de comercializar tus productos o servicios y mantener tu sitio web en los primeros puestos de los buscadores.

# Capítulo 7 - Suscripciones al sitio web

¿Has visitado alguna vez un sitio web que prometía gran información, sólo para descubrir que tenías que registrarte antes de poder verla? El proceso de registro podía ser gratuito o de pago, pero en cualquier caso tenías que introducir tus datos personales para acceder a ella.

¿Completaste el registro o buscaste la información en otra parte?

La respuesta depende del tipo de información prometida en el sitio web de suscripción. Si ya habías determinado que éste era el único lugar -o el más conveniente- para obtener la información que buscabas, probablemente seguiste adelante con el registro. Si no, probablemente volviste a hacer clic en los resultados del motor de búsqueda y lo intentaste de nuevo.

Las suscripciones para sitios web funcionan en algunos casos, pero no en otros. Si estás pensando en crear un sitio web de suscripción, asegúrate de que tienes una buena razón para hacerlo, o nadie se suscribirá.

## Cobrar o no cobrar

## Suscripciones gratuitas

Los sitios web que exigen el registro gratuito para acceder buscan recopilar información demográfica, normalmente para ayudarles a saber de dónde procede su tráfico o qué es lo que más interesa a sus visitantes, de modo que puedan ajustar sus campañas publicitarias en consecuencia. Algunos también utilizan formularios de registro para captar direcciones de correo electrónico para sus listas de distribución (la mayoría te dará la opción de decidir si aceptas recibir información u ofertas especiales de ellos cuando te registres).

Si la información o los servicios de tu sitio web merecen la pena por el tiempo adicional que tus visitantes tendrán que dedicar a registrarse, puedes plantearte añadir un componente de registro o suscripción a tu sitio web. Esto te permitirá estudiar tu mercado y construir tu lista de correo opt-in.

Sin embargo, si tu sitio web contiene información que puede encontrarse fácilmente en otra parte sin necesidad de registrarse, muchos internautas optarán por saltarse el largo proceso de registro (aunque sólo lleve unos minutos -recuerda, los internautas están acostumbrados a resultados instantáneos-) y visitar otro sitio web en su lugar.

## Suscripciones de pago

Ahora hay algunos sitios web que cobran cuotas de suscripción, a partir de unos pocos dólares al mes. Normalmente, los tipos de sitios web que cobran cuotas mensuales son servicios de alojamiento web, proveedores de software especializado como autorespondedores, bolsas de trabajo para autónomos y localizadores de clientes potenciales, y periódicos o revistas en línea (ezines). También hay algunos sitios web corrientes que intentan cobrar una cuota de suscripción mensual.

Las suscripciones de pago son contrarias al "espíritu" de Internet, donde abunda la información gratuita. Pocas personas están dispuestas a pagar por información que de otro modo podrían recibir gratis. Todavía no se percibe suficiente valor en la mayoría de los sitios web como para justificar una cuota mensual. Si Google empezara a cobrar una cuota mensual, la gente simplemente recurriría a Yahoo o a otro motor de búsqueda popular en su lugar.

Sin embargo, cierta información es tan especializada y está tan poco disponible que la gente está dispuesta a pagar por ella, a veces muy caro. Un ejemplo es Lexis, una extensa base de datos jurídica en línea que cobra a los usuarios 2 dólares por minuto de acceso. Lexis hace un gran negocio por una tarifa tan desorbitada. Éste es sólo un ejemplo; para otros ejemplos de tendencias en el comercio electrónico, consulta www.commerce.net.

## Tendencias offline y online

Actualmente, Internet tiene poco más de 15 años, un periodo de vida demasiado corto para establecer normas firmes y prácticas aceptadas. Gran parte de Internet sigue sin estar regulada ni explorada, lo que significa que existe cierto grado de incertidumbre y riesgo asociado a hacer negocios en línea. Sin embargo, Internet sigue siendo un medio oportunista para el empresario dispuesto a aprender.

Sin duda, los consumidores recurren a Internet para investigar decisiones de compra, incluso cuando no tienen intención de realizar una compra online. De hecho, Internet se utiliza para investigar productos offline con más frecuencia que online. En un estudio realizado en marzo de 2006 por ComScore, se descubrió que el 63% de las personas que investigaron un producto en Internet y luego lo compraron, completaron la compra en un lugar fuera de Internet, lo que deja sólo al 37% de los consumidores que realizan compras investigadas en Internet.

En esencia, una gran parte de los consumidores utilizan Internet para comparar y contrastar marcas, seleccionar un producto en lugar de otro, comparar precios y encontrar una tienda en la que realizar una compra. El 22% de las ventas fuera de Internet (casi una cuarta parte) están influidas por la Red. Por esta razón, cada vez más empresas tradicionales se dirigen a Internet, creando sitios web que sean informativos, fáciles de navegar y que hagan que los clientes sean conscientes de su presencia. Una presencia online

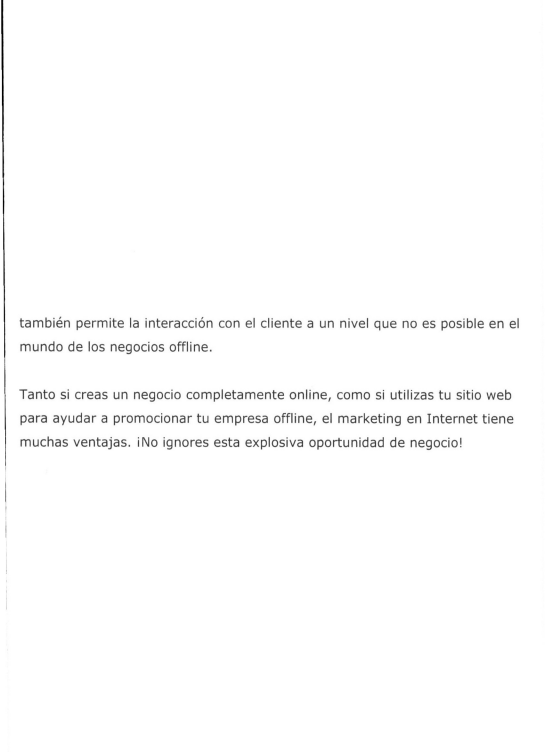

también permite la interacción con el cliente a un nivel que no es posible en el mundo de los negocios offline.

Tanto si creas un negocio completamente online, como si utilizas tu sitio web para ayudar a promocionar tu empresa offline, el marketing en Internet tiene muchas ventajas. ¡No ignores esta explosiva oportunidad de negocio!

# Capítulo 8 - Más sobre los afiliados

Ya hemos hablado antes de los programas de afiliación, así que ya deberías saber que crear tu propio programa de afiliación para tus productos o servicios es una forma estupenda de ganar dinero con el marketing en Internet. Básicamente, crear un programa de afiliación es como contratar a tu propia fuerza de ventas que saldrá a comercializar por ti.

Sin embargo, también hay formas de beneficiarse de los programas de afiliación de otras empresas. De hecho, puedes basar todo tu negocio de marketing en Internet en los programas de afiliación y seguir teniendo éxito. Al igual que con todas las demás formas de negocio online, la clave del éxito del marketing de afiliación es la preparación y la investigación.

## *Múltiples afiliaciones, múltiples pagas*

Los programas de afiliación son una de las facetas más incomprendidas de los negocios online en la actualidad. Mucha gente cree que los programas de afiliación son lo mismo que las estafas piramidales: pagas a alguien por información interesante que te hará rico, sólo para descubrir que la única forma de hacerte rico es embaucar a otra persona para que caiga en la misma estafa que tú acabas de hacer.

La realidad de los programas de afiliación es bastante diferente, y mucho más honesta. Para entender mejor los programas de afiliación, empecemos con algo de terminología útil:

Un *afiliado* es cualquier sitio web, o "remitente", que promociona un producto o servicio propiedad de otra persona o bajo licencia de ésta, con el fin de ganar comisiones.

Un *comerciante* es el propietario del programa de afiliación. Los comerciantes son los propietarios del producto o de los derechos sobre el producto, y a través de un programa de afiliación un comerciante comparte los beneficios con los afiliados en función de los resultados.

En la sección anterior, hablamos de los métodos que puedes utilizar para ser comerciante. En esta sección hablaremos de los métodos que puedes utilizar para convertirte en afiliado.

¿Recuerdas los tres tipos básicos de programas de afiliación?

Los programas **de pago por clic** compensan a los afiliados por cada clic que envía visitantes desde el sitio web del afiliado al sitio web del comerciante.

Los programas **de pago por venta** proporcionan un porcentaje del precio de venta a un afiliado cada vez que un visitante del sitio web del afiliado hace clic en el sitio web del comerciante *y* realiza una compra.

Los programas **de pago por contacto**, que son los menos comunes, ofrecen una tarifa fija por cada contacto de ventas que el afiliado envíe y que el comerciante considere cualificado. Estos programas son impopulares porque son subjetivos y dependen totalmente del comerciante, y a pocos afiliados les interesa cobrar sólo si al comerciante "le da la gana".

A menudo, los sitios web afiliados ofrecen servicios de contenido, información y/o entretenimiento gratuitos o de pago a los visitantes. Los comerciantes online con programas de afiliación suelen vender productos, bienes o servicios. La información que se encuentra en el sitio web afiliado suele ser complementaria a los productos, bienes o servicios que vende el comerciante, por lo que los visitantes del sitio web afiliado están interesados en visitar el sitio web del comerciante. Algunos programas de afiliación sólo pagan por los clics en los enlaces que llevan al sitio web del comerciante, mientras que otros proporcionan un porcentaje adicional de las ventas que resultan de los visitantes del sitio web afiliado.

El tráfico generado a través de un enlace de afiliado no suele suponer mucho dinero. Por este motivo, muchos vendedores afiliados se inscriben en varios programas de afiliación para generar más de una fuente de ingresos. Es importante comprender cómo funcionan los programas de afiliación para generar beneficios decentes a través de ellos.

Los comerciantes pueden hacer un seguimiento de los clics de los afiliados y determinar si se produjeron ventas a partir de ellos. Cada afiliado recibe una URL especial con un código de afiliado incrustado al final, para que el comerciante pueda saber si los visitantes proceden de tu sitio web. Es importante que incluyas tu enlace de afiliado específico allí donde tus visitantes hagan clic para ir al sitio del comerciante; de lo contrario, no obtendrás crédito por los clics.

Como afiliado, hay algunas cosas que puedes hacer para que tu sitio web sea más atractivo para los comerciantes con programas de afiliación que pagan mucho. Te conviene inscribirte en varios programas de afiliación, pero asegúrate de que tus páginas no estén abarrotadas de enlaces. La mejor forma de sacar provecho de los programas de afiliación es dispersar los enlaces por todo tu sitio web, además de colocarlos a los lados o en la parte superior de la página. Por ejemplo, puedes incrustar un enlace de afiliado dentro del texto de un artículo que sea relevante para el producto o servicio del comerciante.

Ni que decir tiene que el contenido de tu sitio web debe reflejar el del sitio web del comerciante. Si tu sitio web trata sobre el cuidado de mascotas, no deberías inscribirte en un programa de afiliados que ofrezca software de creación de libros electrónicos. Los mejores programas de afiliación son selectivos con los sitios web a los que permiten afiliarse, ya que no quieren que los sitios web afiliados sean un mal reflejo de ellos para sus visitantes. Al igual que con tu propio negocio, tu sitio web de afiliado debe contener información clara y relevante, y estar tan libre de errores como sea posible.

Los programas de afiliación de éxito garantizan que ambas partes -comerciante y afiliado- estén satisfechas con el resultado. Si entras en un programa de afiliación y descubres que estás haciendo demasiado trabajo sin una compensación suficiente, interrumpe el programa y busca algo que produzca mejores resultados. No tienes por qué estar a merced de un comerciante avaricioso que es demasiado tacaño para pagar a los afiliados lo que valen.

## *Los mejores consejos para tener éxito como afiliado*

Si has decidido convertirte en un vendedor afiliado, hay muchas cosas que puedes hacer para mejorar tus posibilidades de éxito. Ten en cuenta que en un programa de afiliados, miles de vendedores online compiten por los mismos clientes, utilizando exactamente el mismo producto. Estos consejos te ayudarán a destacar entre la multitud.

- Asegúrate de entrar en tu negocio de afiliación con una mentalidad positiva pero realista. No creas que te harás rico de la noche a la mañana y, de hecho, si la descripción del programa promete que lo harás, lo más probable es que se trate de una estafa de la que deberías alejarte. Date cuenta de que tu negocio tardará tiempo en desarrollarse, y estate dispuesto a poner todo tu empeño en conseguir el éxito como afiliado.
- Utiliza Google AdWords como herramienta complementaria para comercializar tus programas de afiliación. Establece tus ofertas por palabras clave de modo que cada clic te cueste menos que la comisión que ganas. De esta forma conseguirás un pequeño sueldo adicional con poco esfuerzo.
- En lugar de utilizar los anuncios, artículos y reseñas preformateados que proporcionan los programas de afiliación, escribe los tuyos propios y

hazlos más convincentes. Esto no sólo aumentará tu tráfico, sino que también te ayudará a destacar entre todos los demás afiliados que utilizan el mismo programa y los mismos materiales.

- Asegúrate de que eliges programas de afiliación que coincidan con el contenido de tu sitio web y tu boletín informativo, o que puedan relacionarse con él de alguna manera firme. Los enlaces de afiliación incongruentes o irrelevantes en tu sitio web disminuirán tu reputación, así como la del comerciante con el que estás afiliado.

Puedes elegir una o varias de estas estrategias para aplicarlas a tu negocio de marketing de afiliación. Experimenta con ellas, ajusta tus palabras clave y prueba nuevas estrategias hasta que descubras una combinación que te proporcione un buen flujo constante de ingresos.

# Capítulo 9 - Por dónde entra el dinero

Cuando vendes productos o servicios en Internet, necesitas tener alguna forma de cobrar a tus clientes. Hay muchas formas de conseguirlo, pero el método principal (y preferido) para las transacciones monetarias online es la posibilidad de aceptar pagos con tarjeta de crédito.

Hay dos sistemas básicos para aceptar pagos con tarjeta de crédito en Internet: las cuentas de comerciante y los procesadores de tarjetas de crédito de terceros.

## *Cuentas mercantiles*

Crear una cuenta de comerciante te ofrece tanto la posibilidad de aceptar tarjetas de crédito en Internet como el control total del proceso. Ten en cuenta que cada opción de método de pago tiene sus ventajas e inconvenientes. Las cuentas de vendedor suelen cobrar comisiones más bajas por transacción y menos gastos de cuenta asociados. Sin embargo, suele haber una cuota inicial de puesta en marcha, y debes ser aprobado para una cuenta de comerciante. Si tienes una mala calificación crediticia, es posible que no puedas optar a una.

Si decides aceptar tarjetas de crédito a través de una cuenta de vendedor, necesitarás un sistema de carrito de la compra y un servidor seguro para tu sitio web. Puede que ya dispongas de estos elementos, pero algunas cuentas de vendedor no son compatibles con determinados sistemas de carrito de la compra, y puede que tengas que cambiar de proveedor de alojamiento web.

Otra ventaja de las cuentas de vendedor es la integración completa con tu sitio web. Como ya se ha dicho, la confianza es un bien inestimable en la comunidad del comercio electrónico. Algunos compradores de Internet no confían en los sitios web con servicios de pago que salen del sitio web de la empresa, como hacen muchos procesadores de terceros. Por tanto, una cuenta de comerciante confiere profesionalidad a tu negocio.

Hay muchos servicios de cuenta mercantil disponibles, y cada uno ofrece diferentes servicios, comisiones y cargos porcentuales por transacción. Algunas cuentas comerciales sólo cobran un porcentaje de cada venta, mientras que otras cobran un porcentaje más una tarifa fija por transacción. La mayoría cobra una cuota mensual por el servicio, y algunas cobran una cuota inicial por la "pasarela". Haz tus deberes antes de contratar un servicio de cuenta comercial.

Éstas son algunas de las características que ofrecen los distintos servicios de cuenta mercantil:

- Capacidad para aceptar las principales tarjetas de crédito (Visa, Mastercard, Discover y American Express)
- La capacidad de autorizar, procesar y gestionar transacciones con tarjeta de crédito desde cualquier ordenador conectado a Internet.
- Servicios de terminal virtual (algunos te darán la opción de aceptar pagos con tarjeta de crédito por teléfono)
- Amplio apoyo
- Sistemas de carrito de la compra personalizables
- Servicios de envío
- Procesamiento de cheques electrónicos

Para cuentas de comerciantes de marketing en Internet:
www.e-onlinedata.com/accuratemarketing

## *Terceros procesadores*

Al igual que ocurre con las cuentas de vendedor, utilizar un procesador externo de tarjetas de crédito tiene ventajas e inconvenientes. Un procesador externo es una entidad independiente que procesará las tarjetas de crédito por ti, a cambio de una comisión porcentual. La mayoría de los procesadores externos también cobran una tarifa plana por transacción (PayPal, por ejemplo, cobra 30 céntimos más un porcentaje variable).

Los inconvenientes de los procesadores de pagos de terceros es que suelen estar ubicados en otros sitios web que obviamente no son el tuyo, y las comisiones por transacción son más elevadas. Las ventajas son que no hay cuotas mensuales, no hay que firmar contratos a largo plazo y no es necesario comprobar el crédito. Los procesadores de pagos de terceros también son más fáciles de configurar que las cuentas de comerciante, y no conllevan cuotas de alta.

La mayoría de los comerciantes de Internet, a pesar de los inconvenientes, optan por empezar con un procesador de pagos de terceros. Para los que tienen un gran volumen de ventas y muchas transacciones mensuales, suele ser beneficioso pasar a un servicio de cuenta de vendedor cuando el negocio crece.

Al igual que ocurre con los servicios de cuentas comerciales, las tarifas, políticas y servicios que ofrecen los procesadores de tarjetas de crédito externos varían de una empresa a otra. Investiga cada una de ellas para averiguar qué te proporcionarán antes de contratar una.

Aquí tienes algunas para empezar:

PayPal: www.paypal.com

iBill: www.ibill.com

ClickBank: www.clickbank.com

2Checkout (2CO): www.2checkout.com

Si quieres comparar tarifas y servicios de distintos procesadores de tarjetas de crédito, visita www.quotecatcher.com. Allí puedes introducir tus datos de contacto y algunos datos básicos sobre tu empresa para recibir por correo electrónico presupuestos de proveedores interesados en trabajar contigo.

# Capítulo 10 - Para terminar

Probablemente hayas oído la frase "ubicación, ubicación, ubicación" en referencia a los negocios tradicionales. Cuando se trata de atraer tráfico a una tienda física, la única visibilidad fuera de los anuncios que colocas procede de la ubicación física del edificio en el que se encuentra tu establecimiento. Por esta razón, las ubicaciones en centros comerciales son muy apreciadas, ya que el mero tráfico a pie puede garantizar un gran volumen de negocio.

Sin embargo, cuando se trata de negocios online, el mantra podría cambiar a "información, información, información". La información es la clave del éxito de un negocio de marketing en Internet. Pocas personas llegarán accidentalmente a tu sitio web, si es que alguien lo hace. Debes esforzarte por atraer tráfico mediante campañas de marketing dirigidas, y asegurarte de que tu sitio web es lo suficientemente sólido como para retener a los visitantes una vez que lleguen, y que compren algo antes de marcharse.

Además, debes ser diligente en tus prácticas de seguimiento. Una vez que hayas conseguido un cliente, querrás asegurarte de que lo conservas de por vida. Para ello, debes proporcionar un producto o servicio de gran calidad a un precio excelente, ofrecer ofertas especiales y bonificaciones, asegurarte de que tu sitio web sea un lugar interesante para visitar y poner tu mejor pie de atención al cliente. No escatimes en la satisfacción del cliente, especialmente cuando se trata de tu negocio online. Trata las reclamaciones con rapidez y cortesía, atiende los pedidos en cuanto lleguen y esfuérzate para que comprar en tu tienda online no sea sólo una compra, sino una experiencia.

Este proceso es difícil, pero gratificante si te mantienes en él. Conseguir nuevos clientes es sólo una parte del proceso; retenerlos es la verdadera clave del juego. Un cliente satisfecho no sólo volverá a confiar en ti una y otra vez, sino que también recomendará tu negocio a amigos y familiares, dándote ese importantísimo boca a boca.

Entonces, ¿qué vendes? La verdad es que, como vendedor por Internet, no vendes tanto un producto o servicio como tu negocio en su conjunto. A tus clientes les va a interesar el paquete completo: un gran producto, una gran información y un trato de cinco estrellas en todo momento. Si no presentas la mejor fachada posible, tus clientes se convertirán en clientes de tu competencia.

Recuerda dejar que tus intereses y tu pasión guíen tus decisiones sobre los productos y servicios que piensas ofrecer. Todo el mundo posee algún conocimiento personal o una gran historia que interesará a los demás. Sean cuales sean tus circunstancias, hay algo que sabes o de lo que quieres aprender más y que te servirá para crear un gran negocio en Internet. Sólo es cuestión de encontrar esa idea que despierta tu pasión, y luego convertirla en algo por lo que otras personas pagarán dinero.

Tanto si fabricas sandalias artesanales de conchas marinas como si escribes un libro electrónico sobre cómo sobrevivir a los primeros años de paternidad en una caravana de una sola habitación, tienes algo valioso que ofrecer. Tu entusiasmo y tu fe en tu producto o servicio hablarán por sí solos en tus materiales publicitarios, y te ganarás la confianza de la comunidad de Internet.

Encuentra tu nicho, comercializa para tu nicho y haz que cada dólar (o céntimo) de publicidad cuente, y podrás triunfar en el marketing por Internet.

Ten en cuenta los siguientes consejos cuando te adentres en la ciberfrontera:

- **El contenido es el rey.** Las personas que buscan información en Internet buscan conocimientos y perspectivas útiles y valiosas. Si puedes proporcionarles información real que puedan utilizar en tu sitio web, y seguir publicando contenido fresco (dándoles una razón para volver), estarás mucho más cerca de ganarte su confianza y, por tanto, su negocio.

- **Esfuérzate por obtener resultados naturales.** La optimización de los motores de búsqueda es uno de los mejores métodos para atraer visitantes a tu sitio web. Si antepones la relevancia a los trucos, tu sitio web se abrirá camino de forma natural hacia los primeros resultados de los motores de búsqueda. Te encontrará más gente, y se interesarán por tu producto o servicio antes de llegar a tu sitio.
- **No escatimes en valor.** Por supuesto, los artículos y la información que proporcionas en tu sitio web consisten en contenido por el que la gente habría pagado dinero. Esa es la cuestión: les estás dando algo de valor a cambio de nada. Si demuestras ser una persona de negocios honesta, fiable y digna de confianza, tus visitantes no tendrán reparos en entregar el número de su tarjeta de crédito a cambio de tus productos o servicios.
- **Convierte a los visitantes en compradores.** Asegúrate de que tu sitio web está configurado para retener a los visitantes una vez que llegan. Perfecciona el texto de tu web en una dirección que incite a la compra. Incluye un cuadro de registro para tu boletín o lista de suscripción y un enlace "comprar ahora" en cada página de tu sitio web. Mantén tus páginas limpias y tu navegación clara. Haz que a los clientes les resulte fácil hacer clic hasta llegar al final de la compra.

*Ten presente la Jerarquía* de Maslow, y recuerda que cada cliente con el que tratas en Internet es una persona real y viva con sentimientos, aunque no puedas verlos. Tratar a los clientes como si fueran simples tarjetas de crédito o débito con mente propia es una mala forma de fomentar el negocio. Apela a las necesidades, deseos y anhelos de tus clientes, y haz un esfuerzo adicional para ofrecerles honestidad y un excelente servicio de atención al cliente junto con tu fantástico producto.

Por último, haz un seguimiento de tus clientes porque realmente quieres que estén satisfechos, no sólo porque quieres que repitan. Por supuesto que quieres que vuelvan a comprar; y los clientes lo entienden. Sin embargo, también podrán darse cuenta de si realmente te importa su negocio y quieres asegurarte de que tu producto o servicio les ha hecho felices.

El marketing en Internet ES para ti. Tanto si planeas iniciar y continuar un negocio completamente online, como si simplemente quieres otro lugar de marketing para tu negocio tradicional de ladrillo y mortero, puedes aprovechar los millones de posibilidades online de hoy y empezar a obtener más beneficios, más exposición y el estilo de vida que deseas.

¡Feliz venta!

P.D. ¡No olvides consultar la información adicional del próximo capítulo!

# Capítulo 11 - Información adicional

Por si aún no estás convencido:

## *10 buenas razones para crear un sitio web empresarial hoy mismo*

1. Puedes proporcionar atención al cliente 24 horas al día, 7 días a la semana (sin tener que trabajar 24 horas al día, 7 días a la semana, tú mismo) junto con información sobre tu negocio, indicaciones para llegar a tu establecimiento, horarios de la tienda, ofertas de empleo, métodos de contacto adicionales y una base de datos de tus productos o servicios.
2. Puedes anunciar fácilmente nuevos productos o servicios a tus clientes y publicar comunicados de prensa que podrán ver los medios de comunicación locales.
3. Crearás nuevas relaciones con clientes potenciales que de otro modo nunca habrían oído hablar de tu empresa.
4. Tus clientes rellenarán el papeleo que solías hacer tú, como los pedidos y los formularios de envío.
5. Puedes vender tus productos en todo el país (o en todo el mundo) en lugar de sólo en tu localidad.
6. Puedes realizar estudios demográficos de mercado pidiendo a tus visitantes que se registren, firmen en un libro de visitas o rellenen una encuesta.
7. Ahorrarás dinero en llamadas telefónicas, franqueo y costes de impresión (¡no tendrás que generar recibos ni facturas en papel!).
8. Puedes llegar a nuevos mercados y nichos sin tener que viajar mucho: todo lo que necesitas para encontrar tu mercado objetivo ya está en Internet.
9. Podrás dar a conocer tu marca y crear una nueva demanda de tus productos o servicios.

10. Puedes asociarte con otros negocios online y crear nuevas alianzas beneficiosas con empresas que ofrezcan productos o servicios complementarios.

## Acrónimos y abreviaturas de marketing en Internet

¿Eres nuevo en el mundo online? Aquí tienes algunas abreviaturas de uso común que deberías conocer:

AOL: America Online

ASP: Proveedor de servicios de aplicaciones

AV: AltaVista (motor de búsqueda)

B2B: Empresa a empresa

B2C: Empresa a consumidor

BBB Oficina de Buenas Prácticas Empresariales

CPA: Coste por acción

CPC: Coste por clic

CPS: Coste por venta

CTR: Porcentaje de clics

DH: Golpe directo

FFA: Lista de enlaces gratuitos

HB: HotBot

HTTP: Protocolo de transferencia de hipertexto

MI: Mensajería instantánea

INK Inktomi (motor de búsqueda)

ISP: Proveedor de servicios de Internet

LS: LookSmart (motor de búsqueda)

MSN: Red Microsoft (motor de búsqueda/red

NL: Aurora Boreal

NSI: Soluciones de red

PFI: Pagar por incluir

PFP: Pago por rendimiento

PPC: Pago por clic

PPL: Pago por cliente potencial

PPS: Pago por venta

RETORNO DE LA INVERSIÓN: Retorno de la inversión

RON: Funcionamiento de la red

ROS: Recorrido del sitio

SEO: Optimización de motores de búsqueda

SEP: Posicionamiento en buscadores

URL: Localizador uniforme de recursos

UV: Visitante único

WWW: Red mundial

Y!: Yahoo (motor/red de búsqueda)

www.ingramcontent.com/pod-product-compliance
Lightning Source LLC
LaVergne TN
LVHW051717050326
832903LV00032B/4252